逆势投资者 凯恩斯

如何在大萧条和"二战"中增值10倍

JOHN MAYNARD KEYNES

［英］约翰·梅纳德·凯恩斯 著 贺瑞珍 编译

民主与建设出版社
·北京·

引 言

巴菲特：想成为最优秀的人，就要向最优秀的人学习

时间：1994 年 4 月 25 日，星期一

地点：奥芬剧场

人物：沃伦·巴菲特（Warren E. Buffett）

事件：在伯克希尔-哈撒韦公司股东大会上答股东问

股东： 我来自得克萨斯州休斯敦市。你时不时会引用英国经济学家约翰·梅纳德·凯恩斯（John Maynard Keynes）的话。因此，我认为您已经非常广泛地阅读了他的投资著作。在您看来，我们可以从这位经济学家身上学到哪些投资的经验教训呢？

巴菲特： 嗯，我忘了是《通论》[①]的哪一章，好像是第八章，查理你还记得吗？还是哪个章节[②]？

查理·芒格： 不记得了。

[①] 全名为《就业、利息和货币通论》(The General Theory of Employment, Interest and Money)。——译者注（此后如无特别说明，本书脚注皆为译者注。）
[②] 第十二章"长期预期状态"。

巴菲特:《通论》中有一章与市场、市场心理、市场参与者的行为等有关,除了本杰明·格雷厄姆(Benjamin Graham)在《聪明的投资者》(The Intelligent Investor)中的两章(第八章和第二十章)之外,我想你会发现,通过阅读这些内容,你获得的智慧与阅读任何有关投资的读物一样多。当你在《通论》中看到它时,你会有如醍醐灌顶。这一章突然跳出来讲证券等。我想可能是第八章,但我可能在这一点上错了。但我建议阅读它。

凯恩斯和格雷厄姆的出发点截然不同,却在20世纪30年代的同一时间得出了相同的结论,即长期投资的最佳方式。他们对多元化投资的看法有些不同。凯恩斯对多元化投资的信念远不如格雷厄姆确定。

从本质上讲,凯恩斯试图预测市场的信贷周期,随后在20世纪30年代转向对企业基本面的分析,并且做得非常好。

大约在同一时间,格雷厄姆正在写他的第一本书。我认为珍妮特·洛(Janet Lowe)在她关于本杰明·格雷厄姆的书中,引用过凯恩斯和格雷厄姆之间的通信,所以我建议你阅读它。

还有一些凯恩斯的信,他写给英国国民互助人寿保险协会、剑桥大学等机构的共同受托人的信,我想你也会觉得很有趣。

凯恩斯的财富自由之路

经济学家经常被调侃，天天预测经济形势却不会投资理财。确实，厚厚的经济思想史中，只有两位经济学家在投资实践中成功，一位是大卫·李嘉图（1772—1823），另一位就是约翰·梅纳德·凯恩斯（1883—1946）。

李嘉图的时代与我们相距较远，他的成功经验对我们来说，参考价值有限。凯恩斯广为人知的成就是创立了宏观经济学，在学术象牙塔中勇攀高峰，他也是"二战"后国际经济组织和国际货币体系的设计者，他还在激荡的金融市场中运筹帷幄，在股票市场上稳操胜券。凯恩斯经历了两次世界大战和1929年大萧条，在今天，他的见解和经验对我们来说，比任何时候都更有借鉴意义。

1883年6月5日凯恩斯出生于剑桥，他的父亲是剑桥大学的伦理学教授，母亲曾担任过剑桥市市长。中学时代，他考上了英国最好的学校——伊顿公学，后来又成为剑桥大学顶尖学院之一的国王学院的大学生和研究员。

1906年，从剑桥大学国王学院毕业的凯恩斯在公务员入职考试中取得了第二名的好成绩，成了英国政府印度事务部的一名文职人员，年薪为 200 英镑（大约相当于 2024 年 3 万英镑，27 万元人民币）。

1908 年，当公务员不到两年的凯恩斯觉得这份工作太无聊了，于是辞职重返剑桥，成了经济学家庇古的助理讲师，年薪为 100 英镑，他父亲立刻给他追加了 100 英镑的补助，直到他不再需要。

凯恩斯亟须创收，1909 年 1 月，他开设了私人辅导班，每人每小时 10 先令[①]，他讲课很受欢迎，那一年的总收入是 700 英镑，12 月份之前就攒了 220 英镑。他有些厌恶这种雇佣式的工作，觉得自己是"一台按小时出售经济学的机器"。1909 年底，他决定尽快找别的赚钱方式。他减少了辅导课时，但并没有停止，实际上，即使到 1933 年，他仍在辅导班授课，辅导班不仅给他带来课时费收入，更是他传播经济思想的一个窗口。现在研究凯恩斯思想发展的专家，往往从听过这些课的学生笔记中寻找精确依据。

在 1914 年英国卷入第一次世界大战之前，凯恩斯的授课收入占大头，不过各种创收方式已初见端倪。

1909 年，他被剑桥大学国王学院任命为财务审计员，1911 年成为学院财产管理委员会的委员，1912 年，他鼓动一批年轻同事，在学院年会上击败投资理念保守的两位财务主管，开始逐

---

① 20 先令 = 1 英镑。

引 言

步主导国王学院的财务管理。1911 年,凯恩斯担任《经济学杂志》主编,持续至 1937 年。

在 1914 年之前,凯恩斯只买过几次股票,交易量很小,在选股上也没表现出任何过人之处,与我们身边那些对股市好奇又胆怯的工薪族无异。

1914 年 8 月 2 日,英国对德宣战的两天前,凯恩斯被秘密征召到财政部,参与战时经济事务。很快,他得到一份年薪 600 英镑的非永久性公职,深度参与了国际市场大宗商品交易、战时信贷制度、国际收支平衡、汇率稳定、通货膨胀等几乎所有经济领域的事务。1919 年,处理完凡尔赛和谈,从财政部辞职时,他的年薪是 1200 英镑(大约相当于 2024 年的 7.7 万英镑,70 万元人民币)。其间,财政部允许他继续编辑《经济学杂志》,并在不使用官方资料的前提下写作。不过,战时财政部的工作太忙了,他没有多余的时间和精力用于写作。这段时间,凯恩斯是一名位高权重、钱少事多的部委公务员。

1918 年 11 月 11 日,第一次世界大战结束,凯恩斯马不停蹄地为凡尔赛和谈撰写备忘录,他对和谈的金融问题负主要责任。在备忘录中,凯恩斯提出,向德国索要的赔款不应该大到足以摧毁德国的生产能力。然而,不论政要还是民众都认为,应该"像压榨柠檬一样压榨德国人,直到里面的柠檬籽吱吱作响"。

战胜国(协约国)于 1919 年 6 月 28 日在《凡尔赛和约》上签字。凯恩斯怀着满腔的愤怒和羞愧,从财政部辞职,重返剑桥。1919 年 12 月 12 日,《〈凡尔赛和约〉的经济后果》正式发表，凯恩斯在书中抨击了协约国报复性索赔的做法，指出"如果我们一意孤行，蓄意使中欧陷于贫困之中，我敢预言，复仇的烈焰绝不会止息"。这一说法后来被认为是"二战"的预言。这本书也被认为是20世纪最有影响力的著作之一。

心怀天下，不愿同流合污，愤而辞官。这样的人难道不应该清高孤傲、愤世嫉俗，另外多少有点视金钱如粪土吗？不，凯恩斯根本不是这样的人！他出于心中的道德和正义写作此书的同时，还忙着筹划如何最大限度地赚钱。

《〈凡尔赛和约〉的经济后果》还未完稿时，凯恩斯就决定自己出钱印制，给麦克米兰公司10%的利润来做推销工作，一改传统的各拿一半利润的分成法。他还控制每一次的印刷量，实行饥饿营销。与工党政策研究部达成协议，以2先令6便士的价格印行31万册简装本。载有2000册未经装订的书籍的船只在开往伦敦途中遇险，他将没有严重污损的部分散页在丹麦拍卖。这一套营销组合拳下来，该书刚一面世便绝版了，还被迅速译成包括中文在内的11种文字，很快成为国际畅销书，到处都有摘要本和简编本。凯恩斯名声大噪，成为国际公众人物。《〈凡尔赛和约〉的经济后果》在英国的纯利有3000英镑，在美国的纯利有6000英镑。

1921年年底，凯恩斯出版了《对和约的一种修正》，又很畅销。《丘吉尔先生的经济后果》首次印刷7000册，很快售罄后又加印了几次。他随后还写了《人口下降的一些后果》《战争的经济后果》等。这些书内容各异，但很像影视系列剧，在图书市场

引 言

上形成了协同效应。

凯恩斯的月亮和六便士从来没有矛盾过。在他心里,月亮始终是最重要的,但一点都不耽误他盘算怎么把最佳赏月位置和方法换成六便士。

从财政部辞职之后,他返回剑桥大学,同时接受了国民互助人寿保险协会的董事职位,并在1921年成为董事会主席,年薪1000英镑。上任的第一天,他就宣布,"国民互助人寿保险协会只应该有一个投资方向,但投资内容要每天变换"。他发起了"活动投资政策",以当时看来风险较大的房地产市场为投资方向,再通过预测利率变动,决定对房地产政策采取短期还是长期投资,并在二者之间不断更替,这在当时被认为是具有革命性的投资政策。他每年在协会年会上的发言都是伦敦金融界的一件大事。

伦敦金融界的其他董事位置也接踵而来。凯恩斯还当上了百货商场总裁的金融顾问,年薪500英镑。

成为名人之后,新闻界也成了凯恩斯赚钱的一个门道,他通过写作稿件、接受访谈等扩大收入来源。1920年至1923年之间,他对报社约稿几乎有求必应,共发表了94篇文章。有时还会主动提议报社,比如得知伦敦将举办国际经济会议,便向《泰晤士报》提出写一组系列文章,后又收录在《通往繁荣之路》这本小册中。当他把某篇重要文章投给英国报社时,还会寄给国外五六家报社。文章的全球版权和作为特约撰稿人的收入加起来相当可观,1921年为1500英镑,1922年高达4000英镑。随着学术地位的提升，他给流行报刊写一篇稿件就能获得100英镑。1922年，他筹划了《曼彻斯特卫报》商业增刊的"重建增刊"，一共12期。作为主编，他从每一期中所得的报酬是200英镑，而他所写的署名文章的国际版权费是一个字一先令，不署名文章还有另外的报酬。他一共写了12篇署名文章，有的文章相当长。因此，就这一项工作的收入差不多高达4000英镑。1922年4月，他还为《曼彻斯特卫报》报道热那亚经济会议，写了13篇文章，收入超过1000英镑。1933年接受《纽约时报》记者的邀约，写了一封《致罗斯福总统的公开信》，为罗斯福新政建言。1939年，接受BBC记者的广播采访，赚得30枚金币。

凯恩斯把写作获得的大部分收入用来炒外汇和期货，可能是因为他在财政部时参与过外汇和大宗商品交易等事务，这让他对此很有信心吧。在1929年华尔街股灾引爆全球股市之前，凯恩斯主要通过预测经济周期来选择买进卖出的种类和时机。他把这种方法称为信贷周期投资法，他认为自己是一个"科学的赌徒"。

20世纪20年代，凯恩斯的主要投资领域是大宗商品期货。1920年，他与好友弗克合办公司，从事外汇投机业务，但由于每日汇率波动过大，公司很快就解体了。1921年初，他开始在期货市场上大量交易，从事过棉花、铅、锡、铜、锌、橡胶、小麦、糖、亚麻籽油、黄麻等交易。他对期货市场有比较敏锐的直觉，到1927年底，他的净资产达44000英镑（大约相当于2024年的346万英镑，3152万元人民币），这段时间他的期货交易总体来说是比较成功的。但在1928年，他对橡胶、玉米、棉花和锡放了长线，当市场突然转向而对他不利时，已无力回天。期货市场的损失迫使他出售有价证券以避免破产出局。他抛出这些证券时已是1929年年底的下滑市场。他只剩下一万股奥斯汀汽车公司的股份，其价格从1928年1月的21先令降至1929年年底的5先令。此时他的净资产从44000英镑降至7815英镑。不过，早在1927年他已经对美国经济提出担忧和讨论，华尔街股灾时，他手头并没有股票。

经历过这一次投机失败之后，凯恩斯的投资理念发生了变化。1932年，凯恩斯重新进入华尔街，他抛弃了之前的信贷周期投资法，改用"忠诚"战略，也就是价值投资法，即守住几只精心挑选的"宠物"型股票，不管风云变幻，一直把它们攥在手里，坚信"选择正确的股票比正确利用市场波动在热门股票和现金之间频繁换手能获得更多的利润"。他试图通过预测市场从而战胜市场的十年经历使他确信，价值投资法是回应不确定性的唯一的理性方法。他对利用内幕消息的行为深恶痛绝，认为认真看资产负债表比所谓的内幕消息更有价值。1936年，凯恩斯的净资产已经超过50万英镑（大约相当于2024年的4428万英镑，4亿元人民币），资产升值了23倍。同期华尔街股票平均价格仅翻了3倍，伦敦股票市场价格几乎没变。1937年至1938年，美国股市又经历了一次大跌，凯恩斯损失了2/3的财产，净资产降至18万英镑。

凯恩斯的投资才能和精力主要用在国民互助人寿保险协会和保诚保险集团等金融机构上，他要说服董事会的其他人认同他的投资策略，也要在各方观点之间做出妥协。完全由他主导的投资更能体现他的投资成就，这部分除了他的个人投资之外，就是剑桥大学国王学院的财产。他在1924年成为国王学院财产管理委员会的主管，但早在1911年就主导理财思路了，"一战"结束回到剑桥后，更是由他一手掌控。1920年，他对财产管理又做了重大调整，将投资重点从土地转向有价证券，并将各种盈余集中起来，设立了"切斯特"基金，采取积极投资政策。他去世时，该基金由最初的3万英镑增值到约38万英镑，这还不包括二十多年里用于校舍修缮、偿付新建校舍贷款、对外捐赠等方面的支出。从国王学院1920到1945年的证券投资指数来看，基金在大萧条和"二战"这个多事之秋的表现也十分亮眼。"切斯特"基金在1920年设立之初的指数基数以100计，到1929年上涨至228，之后两年持续下跌，1931年跌至116，到达谷底。经历了这轮大萧条带来的暴跌之后，基本保持稳步增长，仅在1938年经历了一次下跌。到"二战"结束的1945年，"切斯特"基金指数高达1124。也就是说，从大萧条谷底的116到"二战"结束时的1124，"切斯特"基金增长至近10倍。这段时间，凯恩斯个人的净资产更是从1929年的7815英镑增长至1945年的411238英镑，增长至52倍。此外，凯恩斯还参与过伊顿公学、皇家经济学会和伦敦市的财产管理工作。

《就业、利息和货币通论》完成于1936年，这是挽救大萧条的"罗斯福新政"的理论基础，也是我们熟悉的凯恩斯的主要成就。"从长远来看，我们都会死去。"他的这句话常被经济学家

引 言

用来揶揄他短视。其实这句话的完整版是这样的:"从长远来看,我们都会死去。经济学家们给自己定下的目标未免过于轻松,也过于无用,因为在恶劣的气候里,他们能够告诉我们的不过是暴风雨过后,大海将会恢复平静。"他只是无法忽视被狂风巨浪吞噬的普通人。

1937年至1939年,凯恩斯的心脏病复发,花了很长时间疗养,华尔街股市大跌时,他通过信件在金融机构的董事会为自己的价值投资法辩护,这为我们留下来宝贵的第一手资料,让我们能管窥凯恩斯的睿智、幽默和性情。

1939年9月3日,英国正式对德宣战,当时凯恩斯的身体状况稍有好转,他又要为战时经济操劳,很快他又要重返财政部,谋划如何筹措战争经费。当英国无力支撑时,他被派往美国,利用他在美国的影响力进行贷款谈判。战争快结束时,各国都认同了他在《〈凡尔赛和约〉的经济后果》中的见解,由他主持筹建了国际货币基金组织(IMF)、世界银行等国际金融组织,还有影响深远的布雷顿森林体系。这为"二战"之后的长期繁荣与发展奠定了基础,作为一名经济学家,他用自己的学识改变了世界。忙完这些之后,他还为战后英国金融争取到一笔"挽狂澜于既倒"的美国长期贷款。当世界告别战乱,文明的生活方式再度回归时,凯恩斯终于可以沉浸到他热爱的文明生活中了。

凯恩斯年少轻狂时说过,贵族是愚蠢荒谬的,而无产者总是像乡巴佬,生活中的美好只产生于中产阶级。当然,他至死是少年。他始终相信,人不应该聚敛财富,而应该把它花在文明的生活方式中。

凯恩斯是20世纪最伟大的收藏家之一，他收藏过塞尚、毕加索、马蒂斯、雷诺阿、安格尔等画家的油画。他还劝说财政部拨款2万英镑为国家艺术馆购买了高更等名家的精品，用新闻部"战时艺术家计划"中的拨款购买过画作，并加入了国家画廊托管者董事会，担任过国家艺术馆理事。

凯恩斯从伊顿公学时期就有藏书的癖好，一生从未中断。与许多藏书家不同，他基本上都要展阅所购之书，并向友人赠送珍本书籍，与学者广泛联系，通信讨论藏书的内容和市价，实施"研究型收藏"。他去世时共留下4000卷珍本，大约300卷手稿和大批信件，其中最知名的是牛顿的手稿。在他的遗孀莉迪娅去世后，这些藏书连同他收藏的油画一同被捐给了剑桥大学国王学院。

1934年，建筑师为剑桥大学国王学院设计了剧场和住宿楼，但校务委员会不愿提供资金，凯恩斯用BOT（建设—经营—转让）方式出资建造。《通论》出版的第二天，剧场正式开张，凯恩斯从剧目安排、演员邀请，到酒水纸巾，事无巨细地把关，到1938年，剑桥艺术剧场实现了收支平衡。凯恩斯还担任了皇家歌剧院理事会主席，忙完战争之后他做的第一件事，就是为皇家歌剧院重新开张做准备。

美好的生活方式不能缺少亲近自然，凯恩斯从1926年起就一直长租一个名叫提尔顿的农庄，每年都会在农庄住上几个月。他在农庄可不只是休假，还雇用工人，种植、出售蔬菜水果，养殖

引　言

猪、牛、羊、鸡等，他经营农庄比《飘》里的斯嘉丽还要认真。

1946年4月21日，凯恩斯在提尔顿农庄因心脏病突发去世。他的遗产有479529英镑，大约相当于2024年的2517万英镑，2.3亿元人民币，其中40万英镑多一点是有价证券，其他包括他收藏的油画、稀有书籍和手稿。凯恩斯并没有从父辈那里得到可继承的遗产，他的财富都是通过市场活动积聚起来的。在经济学家中，只有去世时留下70万英镑的大卫·李嘉图可以与之媲美。他的投资经历不应该只是历史和金融书籍的小小注脚。

贺瑞珍

2024年9月

目 录

引 言

    巴菲特：想成为最优秀的人，就要向最优秀的人学习　i

    凯恩斯的财富自由之路　iii

第一部分　巴菲特口中"也许是有史以来关于市场运作，特别是股票市场，最伟大的章节"　1

    一　决定资产未来收益的种种因素　3

    二　信心状态与经济问题密切相关　7

    三　企业家玩的是一种既靠能力又靠运气的游戏　13

    四　市场估值中的各种考量，有许多与预期收益毫无关系　17

    五　音乐结束时，总有一些人抢不到椅子　21

    六　把投资变成像结婚一样，除非有死亡或其他重大理由，否则是永久的、牢固的　31

    七　我们采取积极行动的大部分决定，可能只是受动物精神驱使的结果　37

    八　我希望国家可以向长远着想，从社会福利着眼，承担起更多直接投资的责任　43

第二部分 在这个历史罕见的经济衰退时期，更为明智的选择是相对保持不动，静观市场变化 47

  九 更为明智的选择是相对保持不动，静观市场变化 49

  十 在实际操作中，我发现自己在矛盾中犹豫不决，备受煎熬 55

  十一 我不相信低价抛售是对没能在高位时出售的补偿，正确的选择是静观其变 67

  十二 我认为，成功的投资取决于三个原则 81

  十三 信贷周期投资法，至今还没有看到一个成功的例子 93

第三部分 长期来看，你一定会获得出色的投资回报 99

  十四 普通股指数几乎毫无例外地高于标准债券指数 101

  十五 投资方针的基本原则，简而言之就是永远保持谨慎与主动 109

  十六 正确的投资方法是将比较大额的资金投资于自己认为有所了解并对其管理完全信任的企业 121

  十七 我认为最主要的问题是对国家前途的信心，而不是某些证券的前景 137

  十八 如果能避开陷阱，并击败指数，长期来看你一定会获得出色的投资效果 147

  十九 如果我们试图在最低点抄底，可能会错过时机 155

  二十 1只好股胜过10只差股 161

  二十一 如果每个人都认可某个项目的优势，那么其价格一定很高且没有吸引力 171

参考文献 177

第一部分

巴菲特口中"也许是有史以来关于市场运作,特别是股票市场,最伟大的章节"

——《就业、利息和货币通论》第十二章"长期预期状态"

决定资产未来收益的种种因素

前一章①已经说明，投资量的大小，取决于利率与资本边际效率表之间的关系，——有一个当前投资量，就有一个资本边际效率与之对应。资本边际效率，又取决于资本资产的供给价格与其预期收益之间的关系。本章将对决定资产未来收益的种种因素做进一步探讨。

人们用以推测预期收益的依据，一部分是现有事实，关于这一部分，基本都知道得相当确切；另一部分是未来发展，未来发展只能预测，做此预测的信心也大小不一。前者中可能会涉及，（a）目前各类资本资产以及一般资本资产的存量，（b）目前有哪种消费品工业，需要更多资本才能有效满足消费者需求。后者则包括，未来资本的类型与数量、消费者的偏好、有效需求的强度、工资单位（以货币计算）的大小——这种种因素，在目前考虑的投资品的使用寿命内，可能会有所变化。我们可以把这些心理预期状态总称为长期预期状态（state of long-term

---

① 《就业、利息和货币通论》第十一章。

expectation），以区别于短期预期。所谓短期预期，是生产者据以推测，如果他当下用现有设备生产商品，等商品生产出来时，他能从中获益多少的预期。短期预期在第五章①中已经探讨过了。

---

① 《就业、利息与货币通论》第五章。

二

信心状态与经济问题密切相关

在做预期时，把非常不确定的成分看得很重，是愚蠢的。因此，我们很大程度上把自己觉得有点把握的事情作为依据，尽管它们可能跟要考虑的问题关联不大，而不会把我们知之甚少且模糊不清的事情作为依据，这样做是合理的。所以，现有事实以与其重要性不对等的比例，被纳入长期预期中。通常的做法是以现在推测未来，除非有较为明确的理由预测未来会有改变，否则总假定将来与现在一样。

因而，我们据以做决策的长期预期状态，不仅取决于我们所做的可能性最大的预测，而且取决于我们做此预测的信心。换句话说，也取决于我们自认为自己所做预测的可靠性如何。假如我们预期未来会有巨变，但对这种变化具体会以何种方式发生并无把握，则我们的信心会相应减弱。

这就是工商界所谓的信心状态（state of confidence），工商业从业者对此都给予最密切也最焦虑的关注。经济学家反倒对此不做仔细分析，只是泛泛而谈，塞责了事。经济学家尤其没有弄明白，信心状态之所以与经济问题密切相关，是因为它对资本边际效率表有重大影响。信心状态不能和资本边际效率表并列，成为影响投资率的两个独立因素；反之，前者之所以有关，是因为前者是决定后者的重要因素之一，而后者与投资需求表是一回事。

> 根据国家统计局发布的《领导干部统计知识问答》，衡量工商界信心状态的一个重要指标是采购经理指数。
>
> 采购经理指数（Purchasing Managers' Index，简称PMI）是通过对企业采购经理的调查结果统计汇总、编制而成的月度综合性指数，涵盖企业采购、生产、流通等各个环节，是国际上通行的宏观经济监测指标之一。由于采购经理调查简单易行，科学合理，目前国际上有50多个国家和地区编制并发布PMI指数。
>
> PMI是宏观经济变化的晴雨表，对国家经济活动的监测、预测和预警具有重要作用。PMI指标体系包括制造业和非制造业领域，分别反映制造业和非制造业经济总体变化趋势及企业经营活动多个侧面的运行情况。PMI具有先行指数的特性，可以方便、及时地显示经济变化的趋势和范围，预测经济拐点。PMI取值范围在0至100%之间，50%为扩张与收缩的临界点；高于50%，表示经济活动比上月有所扩张；低于50%，表示经济活动比上月有所收缩。PMI与临界点的距离，表示扩张和收缩的程度。在实际应用中，可以通过PMI运行走势监测宏观经济变化情况。①

---

① 方框内文字为译者批注，后文同。

二

然而，从先验方面，关于信心状态我们没有多少可说的。我们的结论必须立足于对市场的切实观察以及商业心理学。故以下所论，不像本书[①]其他部分那样抽象。

为了方便说明，我们接下来讨论信心状态时，将假定利率不变。换句话说，我们假定投资品价值的变动，只是因为预期中的投资品未来收益变了，而不是因为用来将此预期收益贴现的利率有什么变动。不过，很容易就可以将利率变动与信心状态变动的影响叠加起来。

---

① 指《就业、利息和货币通论》。

三

企业家玩的是一种既靠能力又靠运气的游戏

有一个事实很明显：我们据以推测预期收益的一点知识，其基础异常脆弱。哪些因素决定若干年以后的投资收益，我们所知甚少，不值一提。打开天窗说亮话，我们不得不承认，如果我们要估计10年以后，一条铁路、一座铜矿、一家纺织厂、一件专利药品的商誉、一条大西洋邮船、一所伦敦市中心区的建筑物的收益是什么，我们所依据的知识，实在太少，有时付诸阙如。即使把时间缩短为5年以后，情形也一样。事实上，真正想做这种估计的人，常常是极少数，其行为不足以左右市场。

过去，企业常由创始人或其好友或合伙人自行经营，故投资的多少，须看有多少人热心、乐观，想建立一番事业；这些人以经营企业为安身立命之道，并不只是盘算未来利润。经营企业有点像买彩票——不过最后的结果，还是看经营者的才能和品性是否在平均值之上。有些人会失败，有些人会成功。即使在事后，我们也不知道所有投资的平均收益率到底是超过、等于还是低于通行利率。如果剔除自然资源开发和垄断，则投资的总平均收益率，即使在繁荣时期，大概也不及事先的期望。<u>企业家玩的是一</u>

种既靠能力又靠运气的游戏，游戏结束以后，全体总平均收益如何，参与者无从得知。假设人性不喜欢碰运气，对建设工厂、铁路、矿场（即除了利润之外）不感兴趣，而仅靠冷静盘算，则恐怕不会有多少投资。

在旧式的私人投资中，投资决定一旦做出，通常是不会撤回的（irrevocable），不仅对于社会总体如此，对于个人也是如此。随着当下流行的所有权和经营权的分离，以及有组织的投资市场的发展，一个重要的新因素出现了，它有时会促进投资，但有时也会大大增加经济体系的不稳定性。如果没有证券市场，经常对持有的投资重新估值，并没有什么用处。但证券交易所每天都会对许多投资重新估价，这种重新估价，使得个人（而不是社会总体）常有机会变更其所持投资。这就好像一个农民，在吃完早餐，看了天气预报之后，可以在早晨10点到11点之间，决定把资本从农业中抽调回来，然后再考虑，要不要在本周中把资本再投进农业中去。尽管证券交易所的每日行情，其初衷是方便个人之间转让所持有的投资，但势必对当前投资量产生重大影响。如果新建一家企业比收购同样的企业花费更高的话，我们当然会放弃新建而选择收购。然而，如果有一个新项目，花费甚高，但只要能在证券市场上发行股票，则即刻便有利可图，那么，这个项目未尝不可投资。因此，某些类别的投资，与其说决定于职业企业家的真正预期，不如说决定于股票价格，而股票价格代表着证券市场参与者的平均预期。既然证券交易所现有投资的每日行情，甚至每小时行情，如此重要，那么它是如何决定的呢？

四

市场估值中的各种考量,有许多与预期收益毫无关系

通常来说，我们都默契地遵守一条成规（convention）。这条成规的主旨是，除非我们有特殊理由预测未来会有改变，否则我们就假定现存状态将无限期继续下去。当然，实际运用起来并没有这么简单。这并不是说，我们真相信现存状态会无限期继续下去，我们从许多经验中知道，这不太可能。一项投资经过若干年之后的实际结果，极少与初始预期相符。我们不能用这种方式合理化我们的行为，即辩称一个无知的人在正反两个方向上犯错的可能性各占一半，所以基于同等概率，可以精算出一个适得其中的平均预期。显然，建立在无知基础上的算术平均概率，会得出荒谬的结论。实际上，我们假设，无论现在的市场估值是如何达到的，就我们现有的、关于影响投资收益的事实的知识而言，这个估值是唯一正确的；只有当这些知识改变时，市场估值才会改变。但从哲学上说，这个市场估值不可能是唯一正确的，因为我们现有知识不足以为算出精确预期提供充分依据。事实上，市场估值中的各种考量，有许多与预期收益毫无关系。

虽然如此，但只要我们信赖这条成规会维持下去，则上述常规的计算办法倒使我们的经济体系有了相当的连续性与稳定性。

因为存在有组织的投资市场，又假设我们信赖的这条成规会维持下去，所以投资者理所当然地认为，他所冒的唯一风险，是近期未来形势政策的变化；不过其发生的可能性他可以自行判断，而且变化不可能过于剧烈。由于假设成规会被维持得很好，只有这些变化会影响他的投资价值，所以他不必因为不知道10年以后的投资价值而失眠。对个人投资者而言，只要成规不被打破这条假设靠得住，使他常有机会，在距今不远的未来、改变还不太剧烈时，可以修改其判断，变换其投资，则他可以合理地认为，他的投资在短期间内相当"安全"，因此在一连串的短期内（不论有多少），也相当安全。对全社会而言，投资是"固定的"（fixed），而对个人而言，投资是"流动的"（liquid）。

我确信世界上几个主要的投资市场，都是根据这种方式发展起来的。从绝对观点看，这条成规毫无道理（arbitrary），自然不免有弱点。如何使投资充足这个当前问题，一大部分是由这条成规的变化莫测（precariousness）所造成的。

五

音乐结束时，
总有一些人抢不到椅子

有几个因素加强了这种变化莫测，可简述如下：

A. 在社会总资本投资中，越来越多的股权被这样的人持有：他们既不亲自经营业务，又对现在和未来的经济形势没有专业认知。结果，不论是股权持有者，还是正考虑购买股权者，在投资估值中用到的真才实学越来越少。

> "股市韭菜"一词在股民中广泛流传，指的是那些缺乏专业知识，盲目跟风炒股的投资者。这些投资者缺乏基本的投资理念和方法，往往受到市场情绪的影响，盲目追涨杀跌，最终导致投资失败。股市韭菜的特点是投机心理强，缺乏耐心和毅力。

B. 现有投资的利润的日常波动显然是暂时的、无关宏旨的，但对市场却有着过度，甚至荒谬的影响。举几个例子，据说美国制冰公司夏天的股票价格比冬天高，因为受季节影响，夏天制冰业的利润较高，而冬天大家不需要冰。遇到全国性假日，则英国各铁路公司的股票价格可以提高几百万英镑。

C. 依据成规得到的估值,只是一群无知无识的大众心理的产物,自然会因为群众意见的骤变而剧烈波动。这些使群众意见改变的因素,并非真与投资的未来收益有关,而是因为并没有坚实的基础能让人们相信目前的状况可以维持下去。尤其是在非常时期,大家更不相信目前状态会无限期继续下去,所以即使没有具体理由可以预测未来将有变动,市场也会一时受乐观情绪支配,一时又被悲观情绪笼罩。此种情形,可以说是未加理智考虑,但在一种意义上,又可以说是合理的,因为没有事实根据可以让人做理智盘算。

2013年诺贝尔经济学奖得主罗伯特·希勒(Robert J. Shiller)在《非理性繁荣》(*Irrational Exuberance*)中对上述现象做了如下论述:

1996年12月5日,时任美国联邦储备委员会(Federal Reserve Board)主席的艾伦·格林斯潘(Alan Greenspan)在华盛顿发表了一次讲话。在这次原本很沉闷的讲话中,他用了"非理性繁荣"(irrational exuberance)一词形容当时股票市场中投资者的行为。这立即引起了全世界关注,全球股市应声而落。

"非理性繁荣"一词并非格林斯潘创造,早在一百多年前,金融学家就曾使用过这个词。但是,格林斯潘言及这个词语后所引起的股票市场的连锁反应,似乎揭示了这个词语

五

背后的现实本质。

事实上,当股票市场在人们市场心理的影响下被炒到了一个不正常的、难以维系的高度时,"非理性繁荣"就出现了。回顾股市历史,这一幕屡屡上演。

很多人都认为在20世纪90年代股市跌宕起伏的过程中,市场上弥漫着非理性的气氛,但是人们对于非理性本质的认识却不那么清晰。它并不是如一些作家所描写的20世纪20年代股市投机过剩时期投资者的疯狂状态。那些一度流行的诸如"投机性狂热"或"投机性狂欢"等词语对于20世纪90年代人们所经历的事情来说似乎言过其实。这种非理性更像是一种我们在某些热情高涨时可能做出的错误判断。"非理性繁荣"恰当地描述了市场超出正常运行规律时的状态。

非理性繁荣是投机性泡沫(speculative bubble)的心理基础。我将投机性泡沫定义为这样一种情形:价格上涨的消息刺激了投资者的热情,并且这种热情通过心理的相互传染在人与人之间扩散,在此过程中,被夸大的故事使得股票价格增长显得合理,有关价格增长的消息又不断被放大,撩拨了一拨又一拨的投资者扎堆到市场中。这些投资者尽管可能对资产的真实价格有所疑虑,但可能出于对其他投资者发迹的羡慕,抑或因为"赌徒"的兴奋感,不自觉地卷入市场中。

2000年,我所遇到的大部分人,不管从事什么职业,

> 都对当时空中楼阁一般的股价感到困惑不解。他们不知道当时的股价水平是否合理，不知道高股价是否真是所谓的"非理性繁荣"。他们不知道这场繁荣背后是不是某些盲目的乐观主义，那些沁入人们思维、影响着人们日常决定的乐观主义。他们不知道如何去解读和面对股市可能的突然回调，也不知道曾经的市场心态是否会卷土重来。

D. 有一个特征特别值得我们注意。也许有人以为：有些人以投资为业，他们是专家，他们的知识与判断能力超出一般个人投资者，这些专家之间的竞争可以矫正无知无识者造成的市场变化莫测。然而，这些职业投资者和投机者的精力与才干，大都用在别的方面。事实上这些人最关切的，不是在预测某一投资品在其整个生命周期中所产生的收益时，比普通人技高一筹；而是关注比普通大众早一些预测到影响短期市场估值的成规会有什么变化。他们并不关心一项投资对长期持有者的价值，而是关心一项投资在大众心理影响下，3个月或1年内的市场估值。他们这样做并不是因为刚愎自用，而是按照上述方式组织起来的投资市场的必然结果。对你来说，花25元买入一项你相信未来收益值30元，但3个月后市场估值是20元的投资，是不理智的。

因此，职业投资者不得不密切注意，从各路消息和社会氛围中预测即将发生的变化，根据以往经验，这些变化最能影响市场上的大众心理。

五

　　这是以所谓"流动性"为目的组建投资市场的必然结果。在传统的财务准则中，没有比"流动性崇拜"更加反社会的了。这一教条让大部分投资机构把资源集中到"流动性"强的证券上，这对它们来说是美德。然而它们忘了，对整个社会而言，这样做是没有流动性的。<u>成熟投资的社会目的，是击败笼罩着我们未来的时间和无知的黑暗力量。</u>而如今大多数成熟投资者的个人目标是"抢跑"（beat the gun），正如美国人所说，智取大众，把坏的、正在贬值的东西转手给别人。

　　斗智是为了预测因循成规所得市场估值在未来几个月的变化，而不是预测一项投资的长期收益。这种斗智战，也不需要公众中的笨蛋参与以供职业投资者鱼肉，职业投资者相互之间就可以玩起来。任何人都不必真相信，因循成规所得的估值有什么真正的长期效力。打个比方，这就是一场呼"同"牌游戏①，一场"抽对儿"游戏②，一场抢椅子游戏（Musical Chairs），在这场游戏中，谁能不早不晚地呼"同"，谁能在游戏终了前把单牌传给邻座，谁能在音乐结束前抢到椅子，谁就是胜利者。这些游戏可以玩得津津有味，尽管所有玩家都知道，单牌总在传来传去，音乐结束时总有一些人抢不到椅子。

> 　　人们把凯恩斯的这段论述总结为"博傻理论"（Theory of Greater Fool），它揭示了投机行为背后的动机。投机行为

---

① Snap，一种纸牌游戏，玩家看到有两张相同的牌时抢先呼"同"。
② Old Maid，一种纸牌游戏，根据规则抽牌配对，最后手上剩单牌的人为输家。

> 的关键是判断"有没有比自己更大的傻瓜",只要自己不是最大的傻瓜,那么就一定是赢家,只是赢多赢少的问题。如果再没有一个愿意出更高价格的傻瓜做你的"下家",那么你就成了最大的傻瓜。可以说,任何一个投机者信奉的无非是"博傻理论"。

或者稍微换一种比喻,从事职业投资就像参加报纸竞赛(一种报纸组织的竞赛活动,通常为读者提供有趣的挑战和奖品),参赛者需要从100张照片中选出6张最美面孔,谁的选择结果与全体参赛者的平均喜好最接近,谁就得奖。所以,每位参赛者要选出的,并不是他自己认为最美的,而是他认为最可能吸引其他人的,所有人都这么想。这场竞赛不是按照自己的审美选出最美面孔,也不是选出大众审美中的最美面孔,而是运用智力推测大众认为大众审美中最美的,这已经到了第三层推测,我相信有些人会运用到第四层、第五层,甚至更高层。

读者也许要说:如果有人不被这种流行的消遣游戏蒙蔽,而尽力做真正的长期预测,并据此投资,则在长期内,他定能从其他参加者手中获得巨大利益。然而读者必须意识到,首先,这种严谨的投资者确实存在,无论他们的影响力是否超过游戏者,对投资市场来说都会产生重大影响。但是我们必须补充一句,在现代投资市场上,有几个因素使得这种人不能占优势。如今根据真正的长期预期做投资,实在太难,甚至几乎不可能。想这样做的人,比仅想对大众行为比大众预测略胜一筹的人,承担的工作量

五

和冒的风险要大得多。假如两人智力相当，那前者可能会犯更多严重错误。经验也不能证明，对社会有益的投资政策是最赚钱的。要打败时间和对未来的无知，需要的才智比"抢跑"多得多。再者，人生苦短，人性渴望速成，人们对快速赚钱有一种狂热，对普通人来说，远期收益会大打折扣。职业投资者的这些游戏，对没有赌性的人来说，无聊又紧张，但对乐于此道的人来说，他们很愿意为此付出代价。再者，安全起见，那些忽视短期市场波动的投资者需要更雄厚的资源，不能用借来的钱做大规模投资，——这又是一个理由：为什么如果两个人智力和财力相当，从事消遣游戏的人反而会获得更高的回报。最后，长期投资者固然最能增进社会利益，但只要投资基金由委员会、董事会或银行管理，这种人在实践中就最容易被批评。因为他的行为在普通人眼中，一定是古怪的、不守成规的、鲁莽的。如果他成功了，只会加深大家对他鲁莽的认知。如果短期内他失败了——这是很有可能的——他不会获得同情。人情世故教育我们：循规蹈矩的失败，比标新立异的成功，更有利于保全个人名声。

E. 到现在为止，我们主要关注的仍是投机者或投机性投资者的信心状态（state of confidence），我们似乎默契地假定，只要他对前景满意，他就可以依照市场利率无限制借款。事实当然并非如此。因此我们必须顾及信心状态之另一面，即贷款机关对借款者的信心，即所谓信用状态（state of credit）。股票价格的崩溃，可能是因为投机信心疲软，也可能是因为信用状态恶化。二者居一，已足以使股票价格崩溃，并对资本的边际效率发生灾难性的影响。但要使股票价格回涨,却必须二者都恢复。因为信用恶化,足以引起股价崩溃,但信用增强,却只是股价回涨的必要条件,而非充分条件。

六

把投资变成像结婚一样,除非有死亡或其他重大理由,否则是永久的、牢固的

以上所论，经济学家都不应忽视，但应将其纳入正确的视角。如果我可以用投机（speculation）一词，代表预测市场心理这种活动，用企业（enterprise）一词，代表预测资产在其整个生命周期中的收益这种活动，则投机亦未必常常支配企业。但<u>投资市场的组织越进步，投机支配企业的危险性越大</u>。纽约是世界最大投资市场之一，在该市场上，投机（按以上定义）的势力非常庞大。但即使在金融领域以外，美国人也格外喜欢推测一般人对于一般人的看法，这个民族性弱点也表现在股票市场上。据说美国人极少为所得而投资（目前许多英国人还是如此）。美国人不太愿意购买一项投资品，除非他希望以后会有资本增值。换句话说，当美国人购买一件投资品时，并没有在该投资的未来收益上抱太大希望，而是希望该投资的市场估值（按成规形成）的波动对他有利，也就是说，他是以上所谓的投机者。<u>投机若只是企业洪流中的泡沫，也许没有什么害处；但若企业成为投机旋涡中的泡沫，情形就严重了。当一国的资本发展变成游戏赌博的副产品时，这件事情大概无法做好</u>。如果认为华尔街的正当社会使命是引导新投资进入利润最丰厚的（以投资的未来收益为标准）领域，则华尔街的成就不能算是自由放任式资本主义的辉煌胜利。这也不足为奇，如果我的看法是对的，华尔街最聪明的人，事实上也志不在此，而在另一方面。

只要我们把投资市场组织得非常活跃，则这类趋势几乎是不可避免。大家都同意，为公众利益着想，游戏赌博场所应当收费昂贵，设置一定门槛。恐怕证券交易所也应如此。伦敦证券交易所的罪恶，之所以比华尔街少，恐怕倒不是因为两国国民性不同，而是因为前者对于一般英国人，比华尔街对于一般美国人，收费甚高，较难进场。要在伦敦证券交易所交易，须付介绍费、高额经纪费，又须向英国财政部缴纳转手税，税额甚重，凡此种种，都足以降低该交易所的流动性，所以有很大一部分华尔街的交易，在伦敦证券交易所没有。但另一方面，伦敦证券交易所每两星期结账一次，则又增加了该市场的流动性。在美国，要想不让投机掩盖企业，最切实的办法，恐怕是由美国政府对一切交易征收高额转手税。

现代投资市场上的奇观让我有时简直想，假使把投资变成像结婚一样，除非有死亡或其他重大理由，否则是永久的、牢固的，这也许是补救当代种种罪恶的切实办法。因为这样一来，可以使投资者把他的心思专门用在预测长期收益上。然而再仔细一想，这个办法也有困难之处，因为投资市场固然有时阻挠新投资，但也常常促进新投资。假如每一个投资者都自以为他的投资有流动性（虽然对于投资者总体而论，这是不可能的），他便可

六

以高枕无忧，愿意多冒些险。如果个人一旦投资便周转不灵，那可能会严重阻碍新投资，但凡个人还有其他保存储蓄的方式，就会选择别的方式。这是个两难困境：只要个人可以用贮藏货币或出借货币的方式保存财富，则除非资本市场可以将资产随时脱手、变现，否则谁都不大愿意购买真正的资本资产，尤其是那些不掌管资本资产且对此所知甚少的人。

信心崩溃对现代经济生活打击甚大，要根治此病，只有让个人唯有两条路可走，其一是把收入消费掉，其二是订购一件他认为最有前途的，同时他又有能力购买的资本资产。当然有时他对于未来疑虑甚多，觉得无所适从，只能多消费，少投资。即使这样，也比当他对于未来感觉疑虑时，既不消费又不投资要好，因为后者对于经济生活会有重大的、累积的、非常糟糕的影响。

有人以为贮藏货币对社会不利，强调这种说法的人所持的理由当然如上所述。不过他们忽视了一个可能性：即使贮藏货币数量不变，或变动甚小，不利现象仍会发生。

七

我们采取积极行动的大部分决定，可能只是受动物精神驱使的结果

引发不稳定的因素，除了投机之外，还有人性特点：绝大多数积极行为是由自发的乐观情绪引发的，而不是由数学上的期望值引发的，无论是道德方面、享乐方面，还是经济方面。我们采取积极行为的大部分决定，可能只是受动物精神驱使的结果，而不是通过将量化收益乘以量化概率所得的加权平均值决定的，毕竟行为的后果要经过很长时间才能显现。无论企业在招股书中如何真诚坦率地声称自己受财务报表驱动，都不过是自欺欺人而已。企业依赖精确计算未来收益的程度，仅比南极探险多一点。因此，如果动物精神消退，自发的乐观情绪动摇，留给我们的只剩下数学上的期望值，那么，企业将会委顿而死。尽管对损失的畏惧可能并不比之前对利润的渴望更有道理。

> "动物精神"这一术语在古拉丁文和中世纪拉丁文中被写成 spiritus animalis，它指的是一种基本的精神力量和生命力。凯恩斯首次将"动物精神"一词运用到经济学中，现在，它是一个经济学术语，指的是导致经济动荡不安、反

复无常的元素；它还被用来描述人类与模糊性或不确定性之间的关系。有时候，我们被它麻痹；有时候，它又赋予我们能量，使我们振作，进而克服恐惧和优柔寡断。

经济学家李稻葵曾说："动物精神是什么？说到底，它就是人类经济决策的非理性，它是全球金融危机的根源，是市场经济体系脆弱性的基础。意识到这一点并善加利用的商人就是巨富，如索罗斯和巴菲特；研究清楚这一点的学者就是最伟大的学问家，如凯恩斯和赫伯特·西蒙。"

一般来说，企业对未来存有希望，对整个社会来说是有利的。但只有当理性盘算辅之以动物精神时，个人积极性才能被充分激发，所以，经验表明，最终失败的想法每每压垮创业者时，他们会弃之不顾，就像健康的人将死亡的想法束之高阁一样。不幸的是，上述种种不仅意味着衰退和萧条的程度会被加深，而且意味着经济繁荣会过度依赖于政治社会风气与工商界的融洽程度。如果对工党政府或新政的担忧，抑制了企业发展，倒未必是因为理性盘算或政治阴谋，只是因为油然而生的乐观情绪的微妙平衡被打破了。因此，在评估投资前景时，我们必须顾及投资者的意志和精神，甚至衡量消化系统的情况和对气候变化的反应，这些会对他们的自发的活跃状态产生很大影响。

但是我们不应由此得出结论，以为一切都被非理性心理的波动所支配。相反，长期预期状态往往很稳定，当其不稳定时，也有其他因素发挥其稳定作用。我们只是要提醒自己，影响未来的

七

人类决策,不论是个人的、政治的或经济的,都不能完全依据严格的数学期望,事实上这种计算的基础并不存在。社会之所以运转不息,就是因为我们有一种先天的冲动,理性则从各种可能性中选出我们能实现的最佳选择,可以计算时也会计算一下,但总会因为突发奇想、多愁善感或一时运气,跌落回我们的原始动机。

八

我希望国家可以向长远着想，从社会福利着眼，承担起更多直接投资的责任

虽然我们对未来知之甚少，但是因为有其他重要因素，倒也不太要紧。由于复利关系，再加上资本设备的无形损耗，很多个体投资者在预测未来收益时，只合理地计算近期未来的收益。房产是极长期投资中最重要的一类，但房产投资者往往可以把风险转移给住户，或至少可以用长期契约方式，由投资者与住户共同分担；住户也乐于如此，因为在住户心目中，分担风险以后，使用权便有了保障，不会随时中止。公共事业也是长期投资中很重要的一类，但公共事业的投资者，因为有垄断特权，又可以在成本与收费之间保持规定的差额，所以其未来收益已有实际保障。最后，还有一类日趋重要的投资，由政府投入，由政府承担风险。从事这类投资时，政府关注的是未来的社会利益，而不是商业利益。所以这类投资的商业收益可以有很宽泛的范围，不用受数学上的期望收益至少等于当前利率的限制。但政府需支付多少利率才能借得款项，对于政府投资规模仍有决定性影响。

因此，我们在长期预期中，对短期变化的影响赋予了很大的权重，这有别于利率变化，但我们仍然可以说，在正常情况下，利率水平的任何变化都会对投资率产生重大影响，尽管不是决定性影响。然而，只有经验可以证明，调控利率可以在多大程度上对适当的投资量产生持续刺激。

就我自己而言，我现在有点怀疑，仅仅用货币政策调控利率会有多大成效。我希望国家以长远计，从社会福利着眼，计算资本品的边际效率，承担起更多的直接投资的责任。因为按照上述计算准则，不同类型资本的边际收益的市场估值波动幅度过大，任何切实可行的利率变化都不足以抵消如此大的波动。

第二部分

在这个历史罕见的经济衰退时期，更为明智的选择是相对保持不动，静观市场变化

九

更为明智的选择是相对保持不动,静观市场变化

1929年10月24日，被称为"黑色星期四"，这一天，美国股市突然出现了大幅下跌，引发了投资者的恐慌。在接下来的几天里，股市继续暴跌，达到了历史性的低点。10月29日，又是被称为"黑色星期二"的一天，投资者在一天内交易了1600万股股票，创造了当时的纪录。这场股市崩溃不仅意味着美国经济的衰退，也影响了全球的经济。

英国市场当然也受到影响。在1929年年底行情开始下跌时，凯恩斯获利了结，这一年他的总体收益仍然相当可观。不过由于凯恩斯的年终抛售，其投资组合显得不太平衡，因为他持有的奥斯汀汽车公司股票太多。该股1928年从21先令跌到12先令，1929年再跌到5先令。由于他在1928年1月仍持有10000股，这明显影响了他的总体投资效益。但在1930年4月份股价回升到35先令时，凯恩斯卖出2000股。到1930年年底该股又跌至28先令3便士，该年度凯恩斯收益大增。

1930年的前几个月市场价格回升，凯恩斯作为净买入者做了小笔投资，4月以后，他再次售出。1930年10月13日以后，他的交易活动基本停止，从这一天到1931年9月23日，他的交易量只有2676英镑。凯恩斯于1931年2月写给国民互助人寿保险协会的一份简短备忘录中解释了他减少交易的主要理由。

1931年2月18日致国民互助人寿保险协会的备忘录

马克斯先生曾要求我向协会提供一份反映我总体投资观点的简短备忘录，我的意见如下：

1. 目前市场恐慌情绪弥漫。价格与最终的价值，甚至与对合理价值的预期相去甚远。市场价格受制于莫名其妙的焦虑、偶然性的市场，以及因缺少买盘而无法及时套现的担心。正如市场看好时很多人不仅乐意根据一年的收益对股票估价，而且设想收益会按几何级数增长。如今市场不好时，他们也会以现在的收益对资本价值估价并设想收益会按几何级数减少。

2. 在这个历史罕见的经济衰退时期，指责恐惧与焦虑是荒谬的。正如我反复说过的，我认为1931年的前景极为黯淡。的确，这极易使人感到恐惧，并为恐惧找到合适的理由。

3. 但我并不因此而认为一个负责任的投资人每个星期都应该在他的投资组合中惊恐地找到新的牺牲品，并随时准备逃之夭夭。利益与责任所指出的是另一条路。我认为随后的几个星期，那种所谓的英镑抽逃、半抽逃或抽逃英国政府债券的现象并非不

九

可能出现，但我坚信不会持久，而且我们也没有理由率先抽逃。如果大多数保险公司和投资公司选择离开市场，那么从某种意义上说，它们可能是对的。快进快出的人能赚钱。但由此产生的市场震荡对任何人都不利。所以更为明智的选择是相对保持不动，静观市场变化。

4. 更重要的是，目前的颓势在任何时候都可能骤然变化。我们面临的基本面因素十分有利，例如，新的税种、政府改组。而未来一切不可预见的事情都可以使人们一夜之间猛醒：市场上的价格曾经那么低廉，再回到市场却发现已经销售一空。

5. 因此我相信，除非有非常特殊的理由，我们不应再出售证券。这一点我感到十分自信。因为近来我刚刚全面分析过我们的投资组合。即使价格进一步跌落也只能是我们坚决不卖的理由，而不是相反。总的来说，我们的投资组合是经过深思熟虑的。

6. 这并不意味着万一市场大幅回升时我们不应有新的考虑，如果由于政治方面的原因，市场骤然升温，或华尔街仍然出现以往的春季升势，因而有人利用远远高于目前的价格买入之时，我会重新仔细考察我们的策略。但目前我们最好的座右铭是"保持安静"。

在实际操作中，我发现自己在矛盾中犹豫不决，备受煎熬

1937年5月,在引爆"大萧条"的1929年美国股市大崩盘之后的第八年,由于美联储过早收紧货币政策,导致美国股市遭遇了又一次大崩盘,道琼斯工业平均指数仅在1937年就下跌1/3,抛售潮持续至1938年6月。

　　1937年,由于长期劳累,凯恩斯的心脏病已经严重到不容拖延的程度,6月18日,他被送到疗养院养病。因此,他无法参加诸如国王学院和保险公司,尤其是保诚保险集团的会议,从而使他有机会把自己的观点付诸文字。我们不仅可以看到他两年来的交易记录,而且可以看到比任何其他时候都完整的关于形势发展的陈述。这是一笔巨大的财富,也让研究凯恩斯在1937到1938年的活动变得极为有趣。

　　到1936年底,凯恩斯可以满意地回顾自己极为成功的几年投资经历。他的净资产总额在3年内增长了450000英镑。他在货币和商品投机生意中12个月内获取的资本收益达48000英镑。1937年初,他在华尔街和思罗克英顿大街①大量交易，继续通过借贷买入有价证券，贷款总额达300000英镑。而在其后的两年中，他的净资产减少了2/3，在商品和货币两方面都出现大面积亏损。

1936年底，正如凯恩斯在12月3日与保诚保险集团执行董事司各特谈到的那样，他对未来持谨慎乐观的态度。

1936年12月3日致信F.C.司各特（节选）

我的感觉是在以后几个月内美国市场的复苏趋势将不可阻挡。就我们目前可以看到的情形而言，在年底前大幅度调整投资策略不失为明智的做法。

假如美国市场大幅度复苏如期而至，其影响将比任何其他因素都有利于保证市场的持续稳定恢复。尤其是美国市场的进一步复苏会给商品市场带来更具决定性的转机。在我看来，这种可能绝不是没有。如果外部环境没有实质变化的话，我对美国能否靠自身力量走出困境持怀疑态度。然而，由于美国市场带来的商品市场价格劲升将有助于整个市场局势的改观。

至于应对美国证券采取的应急对策，我现在考虑尽快出售一些我们一直持有并表现良好的优先股，其中一部分获益可再投资于（甚至可以在卖之前投资）那些预期收益较低的低价证券，如某些投资公司的普通股。我们已经持有相当数量这种类型的股

---

① 思罗克英顿大街是伦敦证券交易所所在街名。

票，但还不够多。当市场看跌时，这种股票是毫无希望的。然而正因为如此，低价股才是必要的投机品种。以上作为策略你感觉如何？我的感觉是，应当在至少6个月内尽力参与美国市场。如果我们能够以较少资金购入低价普通股，那不失为明智之举。

1937年最初的几个月，凯恩斯大举转向美国市场并在商品交易中赢利颇丰。到5月初，他似乎决定稍稍减少在美国市场的仓位。这时，他因心脏病发作，退出市场一个多月。但从6月份的后半月起，他又有限度地恢复了交易活动。

相对而言，凯恩斯这段时期的证券交易不够活跃，正如他在7月17日与理查德·卡恩所谈到的。

目前我并不热衷于卖出，虽然我预计美国市场有一天会跌一点（如果能像华尔街的绅士那样在市场下跌时赚钱该多么好！这一定是那些人如此富有的原因）。

到8月末，他更为悲观。8月20日，他戏称自己改变观点为"酸中毒"。他对市场会在秋季大幅回升信心依旧不足。到8月26日，他完全处于一种被"清盘"时的心态，他在9月2日对卡恩说：

几年来，我总是觉得在衰退期仍应坚持守仓，前提是你的组合是正确的。你能做的事只是等待。因此只要我认为支付保证金不成问题，我并不感到不安。但今天我的感觉不同。即使有能力支付保证金我也不想大笔借贷了。我还没有到看空的地步，但的确不再倾向于靠借款大干。而大幅降低贷款比例也是一个冗长且困难的过程。另一方面，昨天美国市场的价格似乎在不合理地下跌。

两天以后，凯恩斯在病床上致信司各特，更为详尽地阐述了他自己的观点。

1937年9月4日致信F.C.司各特

亲爱的司各特：

如果一切顺利的话，我将在本月的最后一周离开这里，并有希望参加10月末的董事会。如果会议能够在星期四而不是在星期三开的话就更好了，因为星期三国民互助人寿保险协会也有会。

同时，由于我看问题的角度有了较大的转变，我想尽力描述一下目前的感觉。

我不认为贸易和就业的大萧条就要到来。相反，我仍相信今年秋季和明年春天，美国更可能出现某种经济复苏。如果美国和这里继续缺少复苏的势头从而导致某种程度上的经济不景气，那么我想这种不景气不会发展成为严重的经济萧条。至少在美国肯定如此。而这种经济衰退对未来的历史学家来说可能不过是经济上升过程中的一个小插曲。从此种意义上来说，我的悲观情绪暂时还不严重。

尽管这样，对于市场我却远远没有以前乐观。我感到市场走强需要的不仅仅是相对合理的交易，还需要不断有新的刺激。市场对经济衰退极为敏感，即使只是上述一些似是而非的表面现象也会引起市场不安。我认为在一段时期内左右市场的将是一种我曾经称之为"变现倾向"的力量。几乎所有的投机和半投机的证券持有者都认为迟早会再爆发一次经济危机。那时，他们的证券将不可能保持目前的价格。鉴于经济复苏已经持续了相当长时间，他们几乎都歇斯底里地等待着噩梦的到来。此外，国际形势也煎熬着他们的心，这也不奇怪。在美国，各种政治因素的变化不管正确与否都容易打击人们的信心。有鉴于此，我认为除非形势发生实质性的变化，原则上说市场不可能大幅上扬。许多人期待复苏是想找机会离场。另一方面，市场的反反复复究其原因可能各有不同，但的确是正常现象。因此，即使交易相当正常，投机和半投机市场存在的恐惧仍然大于希望。

任何一个指望在价格上扬至历史高位再变现的人，都认为更可能出现盲目乐观，而不是盲目悲观。我的感觉是，在较短的时期内，市场将犯的错误是盲目悲观，价格将低于潜在的经济形势真正的影响。

用数据说明一下，人们通常预期，在经济复苏阶段，一个完全健康的基础金属股票的价格应该上涨到当前收益率不超过价格的 6% 或 7% 的水平。我怀疑这次是否会出现这种情况。可能即使在这次繁荣的巅峰时期，收益率仍能达到股价的 8% 或 9%，甚至 10% 或 11%。

我这样说的前提条件有两点：

1. 我认为就目前价格的前景而言，美国的前景比这里的要好。美国市场下跌的量也许较大，但回升会更强劲。如果明年 4 月前市场仍无所作为才是奇怪的事。

2. 至于黄金股票，我感到适度乐观。对我来说在目前的情形下黄金价格下跌是不可思议的。只有在市场繁荣或商品价格暴涨时才会出现黄金价格的变化。我认为就黄金目前的收益率而言，仍超过投资其他品种，不失为抵抗悲观的良策之一。

可能我还应当再指明一种具有影响力的因素，即比较丰富的黄金储备，从长期来看必定是有利的。但我目前的感觉是它的作用可能会被延迟。我的预见是，在丰富的黄金储备发挥作用之前衰退将会到来，但势头不会太凶猛。如果未来两年内，出现中等程度衰退的话，目前封存的黄金就会进入市场，同时利率也可能降低。这样，我认为在下一次信贷周期中（不是这一次），大量的黄金将防止经济不景气发展为萧条。这就是为什么我预见，较之于贸易和劳动力市场，金融市场会出现更大的价格波动。

当然，如何根据以上观点正确把握目前的投资策略是另一个问题。

你忠实的

凯恩斯

十

为减轻仓位，凯恩斯做了大量工作。有时，某个美国公司看起来价格低，他便自称"像个专找便宜货的胆小鬼"一样重新有节制地买入。大量卖出后他可能感到轻松些，因为在9月底，经纪人又要求凯恩斯增加保证金。最初借贷的100000英镑的保证金是30%；再增加的贷款保证金不低于50%，但从1938年4月1日起他们要求所有贷款一律付50%的保证金。这种压力，加上股票价格的状况，使凯恩斯更愿意卖出。但到11月中旬，他变得乐观起来。正如他在11月6日与国民互助人寿保险协会的G. H. 莱克尼尔所谈到的：

当然，合适的卖出时间是在春季，但时机很难看准。8月份比较容易看出下跌的迹象，当时售出也不太晚。但10月份机会已经过去。对今天的价格我已不感到恐惧。

凯恩斯很快又失去了自信。他在1938年1月16日写信给理查德·卡恩时说：

在实际操作中，我发现自己在矛盾中犹豫不决，备受煎熬。我认为还应坚持守仓等待近期的上涨，但对中期极度看空，长期的信心则比较坚定。如果华尔街的跌势再持续一两周的话，我想你会看到我大规模平仓。

此后市场进一步下跌，加之新的保证金制度开始实施，凯恩斯在 3 月 29 日向理查德·卡恩谈及他的状况：

上周的一段时间，我相当焦虑，因为我仍旧持有大量美国证券。一些股票的价格也令人不解。总的来说在过去两周内，我售出了大约 4 万到 5 万英镑的证券（在市场上卖了相当一阵子）。我自己大部分的证券在我自己的手中，没有委托给经纪人。

连续且焦虑不安地用电话工作对身体不好。但我还是挺过来了，而且感觉不错。

此时华尔街度过了最困难的时期，而伦敦则还需几个月才能恢复生气。但重要的是，凯恩斯再度信心十足。

1938 年 5 月 13 日他在致 R.F. 卡恩的信中说：

如果我此时出售美国证券，目的是什么？
（1）重新买进以图赢利；
（2）重新买进，但因牛市已确立可能亏损；
（3）不重新买进；
（4）等于帮助券商支付管理费；
（5）重在参与还是乐在其中？

其中只有（5）对我有吸引力。（3）是第二选择。但这样做是否过早呢？

你劝我做的有利可图的鸡饲料交易，实际的亏损大约为

十

5000 英镑。关于城市公共事业（电力及照明）的那笔交易我已经赚钱了。

随着市场困难局面临近尾声，凯恩斯在投资方面的观念更加富有哲理。他在一系列的备忘录和信件中记录了自己的思想。

十二

我不相信
低价抛售是对没能在
高位时出售的补偿,
正确的选择是静观其变

在1937到1938年经济不景气的这段时间，凯恩斯关于国民互助人寿保险协会的信件或许是最有趣的。

凯恩斯于1919年9月加入国民互助人寿保险协会董事会，并于1921年5月至1938年10月担任主席。担任主席期间，凯恩斯每年在协会年会上的讲话都成为伦敦金融界的重要事件，经常在新闻界引起争论。凯恩斯的言论也曾多次大大影响了金边债券的价格。

凯恩斯的这部分信件之所以很有趣，和他的同事们密切相关。凯恩斯在国民互助人寿保险协会任职期间，协会的董事会中有一些个性很强的人物。其中一位当然是O. T. 弗克，还有协会的保险统计师乔弗雷·马科斯（后任董事）、G. H. 莱克尼尔、C. T. 伯查尔、F. M. 柯佐恩、尼古拉斯·达文波特和沃尔特·莱顿。这些精英人物的组合加之弗克和凯恩斯坚持认为，协会应在工业股票投资和证券发行方面比同行更有进取心等（如协会原五年一次的业绩评估改为每年一次），不可避免地导致了更多的内部矛盾。

辞职和以辞职要挟屡见不鲜。在经济大萧条中，诸多不同意见蜂起。新建立起来的业绩评估制度也一派混乱，凯恩斯与弗克之间在投资策略方面的分歧陡然尖锐起来。在凯恩斯所保留的文件中，我们可以清楚地看到领导层中对保险政策有很多分歧。这是因为，参与意见的大多数人都是文件的起草人。关于国民互助人寿保险协会的投资策略，所存资料极少。原因之一是协会每周召开例会，因而从文件中难以清楚地看到凯恩斯在投资理论和实践方面的个人影响力。

1937年，国民互助人寿保险协会的账面显示，资本损失641000英镑，当时临时代替凯恩斯出任主席的柯佐恩提议开展关于投资策略方面的讨论，并要求进一步抛售股票。凯恩斯对此后发生的事深感不满，并试图通过信件约束董事会，但未能成功。3月13日，柯佐恩写给凯恩斯一封长达14页的信，对几个月来的投资策略提出批评，并建议进一步卖出前景不明朗的股票，3月18日，凯恩斯作答如下：

1938年3月18日凯恩斯致信柯佐恩

亲爱的柯佐恩：

感谢你的长信，我当时正期待你的意见，所以很高兴看到你详尽阐述你的总体意见。我承认，由于沟通不够，信息不足，我

十一

的一些批评可能是无的放矢。

我的态度基于以下几点。在面谈之前,相信你会部分同意我以下的意见:

1. 我不相信低价抛售是对没能在高位时出手的补偿。对我如果有什么批评意见的话,不可能是关于去年8月前的抛售。因为事后可以清晰地看出,当时的低抛不失为一种有力的措施。即使现在回忆起来,除非有特殊的预见才能,我们当时的做法也并不违背情理。我个人也认为,英镑证券在春季时已上升至最高价位。但我错过了这个机会。开始由于黄金,后来是国防税恐慌,我始终没有出手。我当时认定二者对市场的影响是短期的,因而只需等待便能万事大吉。随后就出现了美国市场的暴跌,其速度之快,范围之广,无人能预见,而在市场暴跌后没有抛出,我认为无可指摘。价格不合理地跌至合理价值以下时,往往会经历一段长时间的沉寂。此时弥补以前的失误已为时过晚。正确的选择是静观其变。

2. 市场已走向低谷而手中仍持有股票,对此我并不感到汗颜。我并不认为,一个机构或一个严肃的投资者应在市场下挫时随时准备割肉斩仓,或者一旦手中的股票下跌就陷入自责。这既不是他的职责,更不是他的义务。我甚至说,一位严肃投资者的义务就是时常平静而不自责地接受手中股票的贬值的现实,此时任何其他做法都是反社会的,是毁灭信心的,是与经济体制的运行不相容的。一个投资者的目标或者说应有的目标,应当是长期收益,这同时也是评价投资者的唯一依据。市场全面下跌而手中仍持有股票证明不了什么问题，也不应因此成为遭受批评的把柄。至于在市场进入低谷前，我们就应已经全部抛出股票，换成现金，这种想法不仅异想天开，而且有损于整个体制。我相信在这一点上你我也有共识。但由于这是我的基本观点，因而在这里再一次阐明。

3. 我认为我们的投资收益并不算差。我自己也一直在总结以往的投资收益，并与我所了解的其他公司的收益做比较。莱克尼尔曾帮我做了调查。我想他也会同意，我们的投资诚然不出色，然而也算不上糟糕至极。据我判断，我们的收益与其他公司相差无几。以保诚保险集团为例，它持有大量普通股，它的收益仅稍高于我们，但差距微乎其微。另外，如果与一个时期的市场指数相比，我们的收益则高出一筹。

我们的表现远远超过指数的增长，体现了我们的管理能力，也证明了保险公司进行建设性投资的能力。如果我们从事股权投资，大的波动则是不可避免的。经济衰退肯定会损失部分利润。业绩的评价必须从运作的全过程来判断。对此我们已经初步获得成功。另外，如果我们没有进行股权投资，我们必须要么满足于明显较低的利率，要么被诱惑去冒一些现在看起来可能不大，但长期来看比股权投资严重得多的风险。

正如我开始时所说，我认为夸大我们之间的分歧是很容易的。我确信，你对以上意见与我会有不少共识。你与董事会的某些其他人不同，你曾多次支持稳健的发展策略。而一个主要的分歧意见是你不赞成最近几年来整个业务的转向。我相信，如果进行全面业绩比较的话,你将感到极大的安慰。

你忠实的
J. M. 凯恩斯

然而,由于1938年第一季度协会资本损失高达231000英镑,再加上罗斯福总统提高公共支出的决定,柯佐恩的悲观主义倾向加剧。他坚持抛售证券的方针不变。此时,O. T. 弗克也坚持看空普通股,并认为美国市场也将低迷。对此,凯恩斯发表了一系列见解。

1938年4月30日致信G. H. 莱克尼尔

亲爱的莱克尼尔:

我收到了你4月28日的信谈及弗克坚持看空的观点和依据。仅一封信不可能把这个问题阐述清楚,但他的看法确实没有说服力。我认为似乎你的意见更合理。

至于这个国家,我绝对看不出有任何理由会出现什么样的灾难。而就市场对于政府预算的反应而言,那种认为由于政府财政状况将导致信心危机的观点纯属杞人忧天。毫无疑问,政府支出将防止近期内经济出现超过目前水平的严重衰退。

在美国,近期的前景更加明朗。然而,这正是需要耐心和毅力的时候。无论是市场的自我调节能力还是政府的干预,都需要一定的时间才能发挥作用。但是通过大量阅读统计报告和分析美国市场的文件，我没有理由预判会出现更严重的经济衰退。相反，我有充分的理由相信市场到年底会出现较大幅度的复苏。我想，这个时候继续以熊眼看市场是一个灾难性的错误。

我同意我们有足够的实力面对任何可能的亏损。更重要的是，导致普通股下跌的原因是信心危机而不是证券收益率水平下降，这种现象必然是暂时的，而从目前政府支出的情形来看，一个理性的人不会预估证券收益率的大幅度下跌。

我们不应在投资组合中进一步减少普通股还有一个理由，这一点对我们所有的人都关系重大，即收益率问题。可能发生的最糟糕的事情莫过于人们经不住诱惑买进低级的固定利息的股票和不动产，以期补偿普通股的利润亏损。如果有人愿意做证券投资的话，购入一流的普通股是目前最安全的选择。另一种选择是死死抱住固定利息股票不放。而这意味着一旦利率下调，投资回报将立即遭受重大损失。毫无疑问，如果灾难就在面前的话，我们也只能面对它。但所有预言似乎都建立在一种对未来的错误估计上。当今的世界是一个可能发生大灾难的世界，但是它的性质是不可预测的（比如，它可能以货币价值遭受损失的形式出现，这意味着只有固定利息股票而没有普通股票的证券组合将受到灾难性的损害）。确实，正如你所说，对于这种事情即使国家立法也无济于事。

你忠实的
M. 凯恩斯

十一

1938年5月5日致信G. H. 莱克尼尔

亲爱的莱克尼尔：

弗克的论点似乎有深层次的根本性矛盾。我注意到，尽管考虑到军费开支和即将到来的美国市场的复苏，弗克仍预计英国的贸易将极有可能逐步进入衰退。这意味着他又回到自己几年前的观点，即整个国家将从长期衰落进入全面破产的状态。对此，你一定记忆犹新。根据这个观点的推论，当时我们应尽可能大量地在美国或国外其他地方投资。如果不考虑国家利益，根据他的论点，我们今天仍应按此原则投资。

我注意到，他在5月4日的信的第1页中预言，随着一般的信贷周期的运行将出现贸易衰退。但在第2页，他又说这种预言将在未来几年内实现。可见，他又拾起长期衰退观点而不再持周期性衰退观点。

然而，如果全面破产终将来临的话，那种认为我们可以通过购进政府债券而逃避它的观点只是空想。由来已久的失业加剧、岁入减少及巨额军费开支造成的政治和财政状况必然使金边债券遭受巨大影响。显然，由于我未出席董事会，没能聆听到他所做预见的理由。发给我的文件中除了他的个人观点和提及的重大赔率之外，什么都没有。但如果他的悲观主义被证明是有根据的，那么局面也一定会如你所说：国家立法亦将于事无补。

我只希望董事会能够保持冷静的头脑，在抛售时首先清理那些最易受害的股票，而不是那些当历史证明悲观主义是错误的时，最有希望回升的股票。

我仍坚持以前阐述过的观点。简而言之，我并不知道美国市场多久才能真正复苏。只要美国市场没有复苏，一些主要原料的价格就会对很多英国公司不利。但如果美国市场果然复苏，再加上军费开支水平的影响，1939年将是一个极好的年头。

你能否代劳将信转给董事会？

你忠实的

J. M. 凯恩斯

1938年7月16日达文波特致信凯恩斯

亲爱的梅纳德：

我很想知道你对华尔街的看法。在国民互助人寿保险协会董事会上我孤军奋战。其他人似乎都主张刻不容缓地将美国证券抛售干净。我认为如果政府增加开支以刺激经济，而见机行事的商人存货不多，将会导致消费品市场复苏。这样，实际上以后几个月中商业指数都会上升，而资本品是否也会复苏在很大程度上取决于信心，取决于罗斯福关于公共事业的政策，以及其他政治问题。在董事会上甚至没有人认为消费品市场会走强。当然，华尔街扬升势头过猛，一旦超过某个限度时，就不得不退回来。但我认为以后几个月的市场将呈上升趋势。

如果你能简单回复说明你对上述意见的看法，我将非常高兴。希望你一切顺利并代向夫人问好。

你忠实的

达文波特

1938年7月16日凯恩斯致信达文波特

亲爱的达文波特:

  我认为国民互助人寿保险协会几乎不可救药,所以对已发生的一切我只能视而不见。对于你孤军奋战我深表同情。我的观点是6个月内美国市场一定会有实质性的行情。但对于行情何时开始,我不想做出过分自信的估计。当然,市场可能会有所反应。但我怀疑是否值得乘机入市,理由之一是这里的市场受美国影响的程度究竟有多大。其次,即使我们借机买入也可能占不到便宜。在目前的市场上,看空的投机者只会越看越空。我并不反对在市场反弹时卖出一点,如一些美国与海外普通股,甚至美国钢铁公司这样的股票;尽管我更愿意用其他更坚实、前景更好的股票替换它们。毫无疑问,市场上有些股票价格昂贵,但也有一些物美价廉的好东西。

  我的印象是市场行为正在很大程度上被一些限制卖空的新规则所控制。当然,这可以起到警告作用,防止大家超越止损线。我相信正是这个因素,市场才有可能维持两三个星期的稳定。否则,市场萧条加剧会吓跑那些羽翼未丰的牛(证券市场中的牛也会长翅膀)。在实际情形中,你能做的最好的事就是或多或少地坚持己见，同时适当处理掉一些不大看好的股票。但正如我所说，年底之前价格居高不下的可能性非常之大。

你能否在最近一两周内的某个晚上来我这里一趟，可以告诉我一些新闻。7月21日不行。其余时间都可以安排。

你永远的

J. M. 凯恩斯

1938年7月23日致信G. H. 莱克尼尔

亲爱的莱克尼尔：

非常感谢你7月21日关于美国市场投资问题的来信。我认为美国市场复苏是毫无疑问的，而且涨势有望进一步加强。但其回升的速度能否很快影响这里的价格还很难说。对于临近11月份的大选，市场的反应也有一定风险，这次大选肯定会对现任总统有利。而对我们来说最重要的可能是能有一个对公用事业有利的政策。从长期来看，最重大的问题将是市场真正复苏的力度和持续的时间是否会令人满意。那是将来价格回升到一定程度后考虑的问题而不是当务之急。我个人认为那时才会有真正的风险。应该想到6到9个月内价格会大幅度超过目前的水平。但问题是任何人都没有能力特别好地把握这样的时机。

这并不意味着我反对在市场价格逐渐回升时逐步售出，正如我喜欢在市场下跌时逐渐买进。我自己的反应的准确色彩在我做的其他事情上表现得更明显。从去年10月到今年3月我一直适

十一

量买入，而 10 月前未能及时大量售出，结果今年 3 月 31 日我在美国的投资的账面价值达到了最高点。从 5 月到现在，在价格逐渐上扬的过程中，我一直在分批售出。售出量已超过去年 10 月到今年 3 月的买入量。应当说普通股出手量，比你提到的国民互助人寿保险协会的 14% 还要高。但另一方面，实际仓位并没有明显减轻。因为，售出的普通股中约一半又投资于债券和优先股。事实上，迄今为止，我一直在利用这段行情提高证券的质量而不是减少数量。但以后，我不倾向于在品种间换来换去。而且在市场每一次反弹时，应减轻仓位。假如市场总体回升达到 10%～20%，我的售出将会较慢。但当市场上涨 20% 时，市场会异常活跃。假如出现 20%～30% 的上涨时，市场恐怕会进入危险地带。我尽可能清晰地表达了我对市场的总体看法。

关于细节方面，我倾向于售出美国与海外普通股。这些股票极易波动，并且与其他股票相比，似乎已升得较高。但我很后悔售出这批中最便宜的阿特拉斯公司股票。这段时间我买入的比你售出的要多。我对通用美国公司评价较高，本应将卖出点设在比建议售出价高出 2 个点的位置。关于芝加哥气动工具优先股卖出价应高于而不是低于 40。我同意售出钢铁股票。你可以看到，我的估价要比你的高出 10%～20%。对于其他方面，我没有什么特别的看法。

我非常赞同用进款再投资于科托斯公司（Courtaulds）的提议。我同意你的建议，即减持美国股票而买入英国股票的时机正在到来。

我很高兴,这个星期董事会没有什么新动作。但是,正如我已表明的那样,我本人已做好准备在市场上涨20%时采取行动。

你忠实的

J. M. 凯恩斯

最终,凯恩斯辞去了国民互助人寿保险协会的职务。对此他向O. T. 弗克做了解释:

1938年10月11日凯恩斯致信O. T. 弗克

现在我已能断断续续地恢复工作。我必须决定适当放弃一些工作。人们一般选择放弃那些满足感最低的活动。而就我目前的情形,我觉得应该放弃国民互助人寿保险协会的工作。我认为改正管理方面的错误已经超出了我的能力范围,而且对于为此承担责任我已感到勉强。

十二

我认为，成功的投资取决于三个原则

凯恩斯自1909年当选剑桥大学国王学院财务审计员起，就积极参与学院的金融活动。1911年，他成为学院财产管理委员会的委员。1919年，凯恩斯成为国王学院的助理财务总监，1924年起直至逝世，他一直担任第一财务总监。凯恩斯第一次施展他的投资才能是在1920年，他说服学院同意投资30000英镑，购买外国政府非托管证券，这是"切斯特"项目的开始，该项目后来拓展到股票、货币和商品投机生意。

1938年，凯恩斯写给国王学院的备忘录陈述了1937—1938年度的投资结果，体现了他的投资哲学。

致剑桥大学国王学院财产管理委员会的备忘录：对以往投资方针的回顾（1938年5月8日）

从1937年8月31日至1938年1月1日，短短4个月的审计时期内，学院的普通股票和美国证券贬值了足足20%。而在这之后，虽仍有一些下跌但大部分股价开始回升。这意味着1937年度审计结束时，两年来的大部分证券升值付诸东流。财产管理委员会大多数的成员可能对此感到不安。而且，他们的印象可能是市场下跌的程度似乎比以上所谈到的还要严重。所以，他们可能希望能听到有关更长时期的投资回顾报告。一方面可以将我们的经历与其他投资者做比较，另一方面有助于吸取教训。

（一）

没有几家机构投资者会公布自己的投资结果，供别人做比较分析。以下是两家比国王学院大得多的公司的相关统计。由于我参与这两家公司的管理，对具体数据有所了解。其中保诚保险集团公布了截至1936年底的部分信息及有关证券价值的指数。国王学院的首期资本投资（相应升值不计在内）在讨论的这段时期内没有什么变化。但同以上公司比较则更复杂一些。尽管两家公司的普通股投资逐年递增，我还是认为把这个时期作为一个整体比较，结果不会受到大的影响。

这个调查的主要目的是对普通股和美国证券的投资结果做比较。但一开始，我们可以对1929年1月1日至1938年1月1日这9年间的总体投资结果做比较。这段时期曾发生了前一次经济衰退、复苏和最近一次的衰退。（学院的审计涵盖从1928年9月1日起至1938年1月1日，但从1928年9月1日至1929年1月1日我们的投资的价值没有什么大的变化。）

十二

表12.1

	1938年1月1日的累计升值占1929年1月1日的市场价值的百分比（成本模式后续计量）	平均升值（%）
机构X	14%*	1.56
机构Y	6.9%	0.77
学院	64.4%	7.2

* 大约占平均投资资本的21%。

我有理由认为机构X和机构Y在这段时间内的投资效果并不比同类机构的平均值差。学院更为优异的投资收益，我考虑主要是由于我们在英镑普通股和美元证券上的出色表现。固定利息品种投资的收益与其他投资者不相上下。9年中，我们的收益率粗略估计为25%，机构X为20.5%（平均资本收益率可能为30%），机构Y为11.5%（平均资本收益率为16%）。

学院几乎所有的美国投资大体都由"切斯特"持有。因此"切斯特"的统计既包括英镑普通股，也有商品和美元证券。而投资资金B主要涉及英镑普通股（见表12.2）。

表12.2　9年每年投资升（降）值率（1938年1月1日止）

	英镑普通股（%）	美元证券（%）
机构X	+5.79	-1.65
机构Y	+1.0	-1.3
学院投资资金B	+10.9	
学院"切斯特"	+14.00	

因此很清楚，考虑到最近的贬值，学院的普通股及美国投资

都是相当赢利的，大大高于平均收益。按首期资本投资为基础计算，"切斯特"9年的平均年收益率（包括股息）大大高于20%。

表12.3可作为进一步比较的基础。这两个指数主要包括国内工业股票但并不包括金矿。金矿包括在机构持有的英镑普通工业股票之内。而"切斯特"的收益也包括所持有的美元证券。

表12.3　市场价值与账面价值之比

投资基金及指数＼年度	机构X	机构Y	保诚保险集团	切斯特	资金B	投资者长期指数	保险统计指数	纽约股票交易所指数
1929-1-1	114	123	129	121	—	100	100	149.0
1930-1-1	110	99	119	122	—	76	83	
1931-1-1	89	84	98	97	—	61	66	
1932-1-1	73	58	78	85	—	49	50	
1933-1-1	89	77	93	106	—	59	56	45.8
1934-1-1	115	98	115	157	100	73	69	52.5
1935-1-1	130	119	131	199	114	79	74	50.5
1936-1-1	142	130	141	276	129	87	80	71.1
1937-1-1	160	144	151	395	148	97	90	87.8
1938-1-1	119	126	—	315	143	79	74	54.6

人们将注意到三个投资机构的经营几乎如出一辙，而且收益远远超过公布的国内工业指数。这个时期指数下挫了20～25点，而几家机构赢利为2.5%～5%。"切斯特"收益高达150%，市场价值升至首期投资资本的2.5倍。因此，尽管遭受过一些挫折（主要是美元证券不合理的下跌），"切斯特"的纯收益还是很高

十二

的。比较的结果比我开始时所预料的要好得多。

从1937年3月25日起的一年中我们曾犯过严重的错误。我们是否可能避免这些错误？这很难说。我们开始就投资过大，这种情况持续了整整一年。如果我们在1938年3月25日低价位时就采取少量投资策略的话，那么情况会好得多。但对此产生的后果夸大其词是很容易的。如果我们在这段时期市场最高点时，一开始就出售"切斯特"每项投资的五分之一（即出售总共大约50000英镑），然后再用回款在价格接近底部时投资，我们应能收益20000英镑，也就是"切斯特"所有证券的平均收益率达8%。而事实上，没有一个人能够这样聪明，能达到5%，就算是相当聪明了。然而回顾过去，不管是具体信息还是总体形势在任何时候都不足以为采取过激行为提供理由。我在1937年8月（虽然不能更早）预见了（当时我有记录）市场将要出现问题，并责备自己没有根据这个预见更果断地行动。令我欣慰的是，我考虑即使采取最极端的行动，考虑到各方面的因素，也不能大大改变最终的收益。

（二）

事实上，我从以上经历接受的主要教训是与我20年前开始时相信的正好相反。当时我第一次建议学院投资普通股。当时我相信，可以采用当时被称为信贷周期的策略获利，即萧条时持有股票，繁荣时售出。我们购买了包括每一主要行业的少量热门股票。自那时起出现过比以往任何时候都更频繁、更剧烈的市场涨跌。我们在价格大跌时购买了一些股票,这一点我们相当成功,然而我们却没能较好地在不同的信贷周期的阶段利用有规律的市场运动买卖普通股票。比如,在过去的9年中,曾有两次,我们这类投资在短短几个月中总体损失20%~25%,而我们没能逃避这种周期运动。事实上,我两次都在某种程度上预见了灾难。然而这些短期的严重损失及没能有效利用市场波动并没有影响最终成功的投资效果。

通过这些经历,我清楚地认识到由于各种原因进行大量投资转移是不切实际的,而且确实不可取。那些售出过晚、购入太晚的人,反复几次将增加大量费用,并产生极易波动的投机心态。如果这种心态传播开来,将会加剧对社会严重不利的市场波动。现在我认为,成功的投资取决于三个原则:

(1)仔细选择几项投资(或几种类型的投资)。应考虑该项投资目前的价格与几年后可能出现的实际价格,以及投资项目的内在价值,同时还要与其他可供选择的项目比较。

(2)长期大量持有这些股票。也许要坚持几年,直到价值完全显现出来,或者明显有证据表明购买这些股票是一种错误。

(3)平衡的投资组合。过于集中地持有某些品种存在各种各样的风险。如果可能,应逆风险操作(例如在选择其他有价证券时,应持有黄金股票。因为黄金股票往往与市场涨落反向波动)。

另外,用15先令的价格卖出1英镑,同时希望用12先令6便士的价格买回的做法是错误的。而拒绝用15先令买1英镑也

十二

是错误的,你的理由是这 1 英镑不可能是真的。(大量经验表明用 15 先令有时可以买到 1 英镑,因为这时很多人等待它下跌到 12 先令 6 便士。)

另外一条重要的法则是避免二级安全投资。这样的股票不会上涨而且其中有的必然下跌。这是普通投资者失败的一个主要原因。理想的投资组合应分为两部分:一部分是购买完全有把握未来能获利的品种(它们未来的升值和贬值取决于利率),另一部分是相当看好的有价证券。它的大幅升值可以补偿那些即使用世界上最高超的技巧操作也难逃厄运的相当数量的投资项目。

以下事例可以证明,选择正确的股票可以比正确利用市场波动在热门股票和现金之间来回换手有更多的赢利。如果后者的目标在于(如果对大额投资负责任的话)寻找某些特殊股票,那么应避免在市场处于跌势时难以大批出手的品种,而且组合必须包括若干极易转换的热门股票以分散风险。这意味着指数的波动可以作为与投资策略相关的实际价值运动的导向。选用的指数数字显示(1 月 1 日公布的指数),在 1929 年和 1937 年有两个高峰,1932 年到 1933 年和 1938 年有两个低谷。英国股票从 100 点下跌到 50 点,又涨到 90 点,随后回落到 74 点;美国股票从 149 点下跌到 46 点,回升到 88 点,然后回落到 55 点。这些 1 月 1 日指数公布的并不是绝对的高峰和低谷,但那些平均在 100 点时卖出英国股,又以 50 点的价格重新投资,再在 90 点时卖出 74 点时买进(同样美国股在 149 点售出,46 点买进,88 点售出,55 点买进)的人一定在预测信贷周期运动方面有超人的技巧。

如果他用一半资金买进英镑证券，另一半买进美元证券的话，除去他在操作中损失5%的利率，那么他已经在9年内将投资价值从100提高到182。事实上，"切斯特"的投资值在这段时期内从100提高到262，因此升值（162%）几乎是那个信贷周期天才赢利（82%）的两倍。

因而，大体上市场萧条是无法躲避的，只能靠清醒和耐心渡过难关。在低谷时期，你可以寻找一些相比之下不合理下跌的证券进行投资。这样做往往比来回进出市场更为可取。投资者的心态一定不能受股票每日价格起伏影响，也不能因市场一时的震动失去理智。某些财务主管会投资一些连报价时声音也不颤抖的不动产。如果审计要求他们马上变现，他们头发变白了也卖不出这些流动性很差的资产。你不了解价格波动的幅度，正如人们普遍认为的那样，并不意味着你的投资是安全的。目前什一税[①]比投资锡矿要危险得多，而我们购买的瓦拉比和埃尔舍姆[②]项目一直比"切斯特"的普通股投资风险性更大、获利更少，而且麻烦更多。

不幸的是，事实上资本市场的现代结构要求上市证券的持有者比拥有其他形式财富的人更有胆量、耐心和意志。然而从某种意义上讲，投机者有时比投资者更安全。这一点我曾在委员会上讲过。投机者是一个知道他自己所冒风险的人，而投资者是一个对此一无所知的人。任何证券投资的管理人员都是低生活目标的

[①] 指投资农牧业。
[②] 二者都是英国地名。

十二

追求者。他没有社会价值,至多是凭技巧取胜的游戏的配角。我们这个社会里多数人不扮演这种角色。然而投资瓦拉比和埃尔舍姆项目的正确之处在于它是一个建设性的、对社会有益的企业。在这里我们可以发挥一个真正的企业家的作用,我们团体的许多人都有理由为自己能为此发挥作用而感兴趣。我对财产管理委员会——从他们一本正经的面孔和沉着冷静的风度可以看出——对从股票市场获得利润或亏损的处变不惊的姿态表示欢迎。他们对农业收成的好坏却大喜大悲。当然,无论如何应时时剖析我们所做的事情及我们的投资原则,这样做可能是有价值的和明智的。

J. M. 凯恩斯

1938 年 5 月 8 日

十三

信贷周期投资法，至今还没有看到一个成功的例子

凯恩斯修改完写给剑桥大学国王学院的备忘录和另一份为保诚保险集团董事会和国民互助人寿保险协会董事会的陈述报告后，又补充了一个说明寄给理查德·卡恩。

1938年5月5日致信R.F.卡恩

历史的回顾

附上修改后的报告。请你用复写器复写并给我寄回4份。等开会的事情定下来后再给财产管理委员会的委员们印发。

投资方针的问题十分有趣。我敢说答案一定是变化多于逻辑。我可以说是信贷周期投资法的主要发明人。我在长达20年的时间内看到5家机构应用此法在不同领域投资。其间走过的道路曲曲折折。至今还没有看到一个成功的例子。除此经历之外，我了解的最按此逻辑运营的是几家美国信托投资公司，他们的效果也并不令人鼓舞。至于个人投资者，我认识一两个做短期投机的中间商，他们的业务与较长时期的市场趋势关系不大，目前处境也不太乐观。信贷周期目前并没有留下足够的资本以引导当今的投资。

信贷周期实际意味着市场下跌时售出热门股票，然后在市场上涨时买进。考虑到费用支出和利息损失，要有非凡的操作技巧才能获得较大的收益。

我其他可选择的策略需坚定地相信自己有选择某些特殊投资项目的能力。这些项目平均的市场前景，应大大超过热门股票的指数。我认为在经营活动中发现这种投资项目，有时会出乎意料地容易，而且最中意的项目受骗的可能性非常小。另外，这种做法实际上像利用信贷周期一样利用市场波动，虽然方法截然不同。市场波动是促成交易的主要原因，而正是市场波动的不稳定性使另外一些人不敢利用价格波动。一些美国投资公司在普遍认为是熊市时拒绝买入物美价廉的品种，这就是典型的信贷周期思维。对他们来说，合乎逻辑地进行投资是头等重要的，而且不允许有例外。按照这个逻辑，也不能被专业技能的幻想冲昏头脑。

有关的一切我都在备忘录里做了总结，从长远来看，安全简便的投资方法是用15先令的价格购进价值1英镑的品种，再以1英镑的价格售出，并希望用12先令6便士的价格重新买回。

又及：如果能在市场处于低谷时重仓出击当然比在市场处于高位时再投资更好，前提是你能做到。我一直没有做到，虽然很努力，而且以前我的主要精力就用在追求这个目标上。但这对投资的最终收益并无大的影响。

你可以这样理解我的观点：关于信贷周期，我指的是根据股

十三

票与货币价值的关系相应买进或卖出股票。我的选择性策略是根据股票之间的价值比较决定买卖,尤其要注重股票的内在价值,发掘有大幅升值潜力的品种。当这些股票由于种种原因不是热门时,即使短期可能不看好也应坚决买进。人们很可能,或者说是毫无疑问,不愿意抛出那些已涨了不少的心爱之物,等出手时已为时过晚。但回忆起来,在这个问题上我并不太责备自己,出手过早容易损失更多。

J. M. 凯恩斯

第三部分

长期来看,
你一定会获得出色的投资回报

十四

普通股指数几乎毫无例外地高于标准债券指数

1922年，美国纽约市的债券经纪业雇请当时华尔街著名的投资人和观察家埃德加·劳伦斯·史密斯（Edgar Lawrence Smith），编写一本小册子，解释为什么债券，而非股票，是最好的长期投资工具。1924年，史密斯编写的小册子出版了，在这本名为《用普通股进行长期投资》（Common Stocks as Long Term Investments）的书中，史密斯发表了自己的研究成果，并在当时轰动一时：他发现股票比债券更加适宜长期投资。

凯恩斯阅读了这本书，并写了一篇书评，发表在1925年5月2日的《国民艺术》（the Nation and Athenaeum）杂志上。

美国长期投资研究——股票与债券

这本有意思的小书的作者是抱着以下见解着手研究的，即在市场上升时期，一个普通股票投资者的权益比一个债券投资者高，而在市场下跌时期则恰恰相反。为检验这一点，他进行了一系列调查，追溯了从1866到1922年间不同时期的两种投资，并从证券组合中抽样比较。对象限制在最出名的投资公司，即那些在困难时期明智的投资者最乐意投资的公司。

调查的结果是惊人的。史密斯先生发现不论是在市场上升时，还是在市场下降时，几乎每例（11例中有10例）都是普通股最终收益最高。这确实非常明显，虽然在一个特殊例子中两者不相上下。此后他又使用了更严格的标准。平均收益优势是不是以牺牲某些年度的不正常收入为代价的呢？他发现恰恰相反，即使是市场最低谷期，普通股指数也几乎毫无例外地高于标准债券指数。

美国投资者过去50年的真实经历为下述偏见提供了表见证据，即一些投资机构和个人认为债券更"安全"，而即使是最出色的股票也有一点"投机"意味。这种偏见导致人们相对高估了债券，而低估了普通股。

但是，除非能够从广义理解过去经验的真正含义，否则将过去的经验应用于未来是危险的。此外，还存在有可能对于未来的预见只符合美国投资者过去50年的特殊情况的危险。史密斯先生声称，可以找到普通股票具有相对优势的普遍原因。这些原因适用于较近的过去，也同样适用于不久的将来。我部分用自己的话部分借用他的话来将这些原因总结如下：

1. 普通股票投资是实际价值投资，债券投资是货币价值投资。如果用商品来表示的货币价值的长期趋势是下跌的话，那么

十四

前者具有显而易见的优势。反之则相反。然而有证据表明实际价值优于货币价值。第一,在某种情况下,货币价值可无限下跌,却没有可能无限上升。如第一次世界大战以来欧洲的情形(从历史上看,这是应当采取防范措施的堪称重要的风险)。第二,除灾难外,社会上从货币下跌中获益的阶层较之从货币价值上升中获益的阶层更为强大。所有债权人,特别是债券持有人,喜欢正在升值的货币。市场上没有其他的阶层始终支持不断升值的货币。理论上,他们都支持稳健的货币。而他们在努力争取利润时,却都选择那些呈贬值趋势的品种。

2. 即便是经过精心选择的债券,有时也会出现问题。一方面不能排除拖欠的可能,另一方面不可能得到高于规定利率的收入,因而债券不会有特殊的成功补偿意外的失败。普通股票投资者,有能力承担偶然出现的问题,而债券投资者则不能。换句话说,债券的平均收益,考虑到不可避免的损失的话,总是比投资时的利息收入低。

3. 人的因素。公司的管理层更倾向于股票。每家公司的管理层都会站在普通股持有人而不是债券持有人的一边。管理层不希望债券持有人从公司的经营中获益。尤其是,公司的管理层会利用权力,在对股票持有人最有利、对债券持有人最不利的时机偿还债券。

4. 投资者购买债券时就接受了发行公司在偿付双方商定的收益后,将收益全部保留。他自己不保留储备金,并放弃所有建立储备金的权力。这类储备金,在保护他自己收入的同时,为那些

— 105 —

他拥有其债券的公司的股票持有人积累收益。购买债券的人是投资者，但他没有管理自己投资的资金。他给发行债券的公司提供一大笔资金让它代替自己发挥管理作用。一项对各行业债券价格的调查揭示了这样一个事实：越是不费吹灰之力便有稳定回报的行业的债券越贵。

5. 我把史密斯先生最重要的，也是最新颖的观点留到最后来谈。通常管理优秀的工业公司不向股票持有人发放所有的利润。在经济繁荣时期，他们保存部分利润并把其余的投入运营或生产。因此，投资优质工业公司具备复利增长的优势。在几年的时间里，优质工业股票的实际价值以复利的形式增长，这与股息大不相同。这样，正如他们所看到的，债券的收益指数最终明显低于最初的表观利率，而股票收益指数最终高于表观股息率。然而，至今为止，与债券相比，表观股息率较高的股票必须以承担更大风险作为代价。反之亦然。另外，股票超出债券所得到的收益，并不仅限于表观利率。

史密斯先生对这些复利成分的计算结果做了一些估计。他发现，在一个长时期内，如果公司将每年积累资本收益的2.5%投入企业运营，那么其运营利润增长率与普通股票的市场价值的平均增长率持平。这个数字与人们称为保守经营的所得利润相近。但是这种长期的积累，如同所有的复利积累，将达到惊人的大数目。在一段时间以后，即使那些不谨慎的、运气欠佳的、在市场高峰进行投资的投资者也能收回成本。

史密斯先生最后一项比较优势测试最重要。他假定极谨慎的

十四

投资者从普通股收益盈余中划出一部分作为投资储备金,其金额与等量债券原始投资收益相等,并把这一金额看作本来可以从债券赢得的收益,再将余额再投资于股票。在这种情形下,他所考察的股票在为期大概20年中的升值在104%到355%之间,为防备意外贬值提供了很大余地。

在总结投资原则时,史密斯先生并没有特别注意保险公司一类机构。事实上正相反,他指出既然保险公司的负债是固定的货币形态,它的安全投资准则必定与其他投资者不同。这样的公司尤其没有必要惧怕贬值。美元在未来的购买力与这类公司毫不相干。如果美元贬值,投保人将承担这种贬值,而公司则不然。这对于对利润不感兴趣的控股公司尤其适用。但我认为它对人寿保险公司来说其适用程度是有限的。这些公司的经营目标必然是让投保人的资金获得最高收益。当然,前提是特别注意保单金额的绝对安全。如果互助分红保险的投保人了解到,董事会将他们的关注点仅限于在他的以法郎表示的保单到期时,保证他获得按照战前约定金额的法郎收入,他并不会感到任何的慰藉。

对我们来说不幸的是,史密斯先生的调查只限于美国。如有类似的英国投资方面的调查,将会引起极大兴趣,我听说英国普通股并没有显示出那么明显的优势。明显的原因是我们的企业并没有与美国同步发展。另外,也由于美国工业公司可能在利润分配方面更保守些。对于英国普通股票年复利能高达2.5%的设定,我感觉没有信心。无论如何,我更希望所有人做一些调查工作,这不是件很容易的工作。选择合适的指数有潜在的困难,对股东常遇到的红利和各类"权利"的估价都会出现困难。史密斯先生强调对于后者要密切关注，并指出，大多数普通股价值表都由于忽视了这一点而使图表失去作用。但这些困难是可以克服的。对于那些热切希望理解普通股的人来说，这个工作将很有教育意义。有没有大的保险公司的投资部门承担这项工作？这项工作适合于训练保险精算师的能力及心理素质。对保险业来说，这项工作与进一步改进死亡率表的重要性不相上下。

十五

投资方针的基本原则,
简而言之就是永远保持谨慎与主动

在国民互助人寿保险协会年会上的讲话
(1928年1月25日)

先生们:

本年度交易利润(扣除资本增长)和总利润均创下国民互助人寿保险公司有史以来的最高纪录。我们总毛利达226481英镑,其构成如下表:

表15.1

	英镑
死亡率等杂项净利润	44264
利息收入(自平均资本利息超过3%的部分,不包括结转)	65981
资本增值(自售出证券或资本重估)	86065
利息收入(自上年结转盈余)	30171
合计	226481

去年同期的总毛利为150465英镑。养老保险单的复归红利提高到每100英镑45先令,终身保险单的复归红利提高到每

100 英镑 51 先令，这两项支出共为 115441 英镑。还有中期红利支出、对低于市场价（1702 英镑）的某种证券少量的特别划减、重新估价的费用等。扣除以上种种支出，我们仍有 111040 英镑的盈余作为结转。这使结转总额达 751246 英镑，为我们负债的 17.8%，而这一指标在 1926 年底是 16%。

红利率与成本

第一次世界大战以后 9 年的总体结果如下表所示：

表 15.2 复利率和复利支出

年度	复利率	复利支出
	先令（每 100 英镑）	英镑
1919—1923（平均数）	42	60314
1924	42	76530
1925	44	88797
1926	44 +6（终身）	100928
1927	45 +6（终身）	111416

表 15.3 所得利润（英镑）

年度	贸易利润	投资资本赢利	总利润	所得红利率（每 100 英镑）	
	英镑	英镑	英镑	先令	便士
1919—1923（平均数）	73186	72352	145538	101	6

（续表）

年度	贸易利润	投资资本赢利	总利润	所得红利率（每100英镑）	
1924	98882	117020	215902	118	6
1925	109214	44650	153864	76	6
1926	130772	19693	150465	69	0
1927	140416	86065	226481	96	6

9年中红利的支出没有超过平均交易利润的80%（完全扣除投资资本的增长）。9年交易利润总额为629000英镑。此外，还有一个重要数据。尽管在1919、1920年底由于贬值而勾销了一大笔金额，9年的年度所得税税后利润为6%，其中的后7年超过了7%。

投资方针的成功

一项投资方针能获得如此好的收益自然可以宣称是经受住了效益的考验。

我曾有几次机会都想谈一谈这一投资方针所包含的基本原则，简而言之就是永远保持谨慎与主动。这一条原则开始时遭受的非议远远多于今天。我们的行为始终与卡耐基公司的年度报告中体现的原则一致。原文引述如下：

"只有做到以下两点才能保证巨额养老保险资金完好无损。一是逐日对该养老保险证券的价值进行系统的重估。二是不断地转让与交换。这是因为环境变化可能对某种证券的安全性产生影响。"

尤其是在用较大比例的资金购买普通股票这一业务上，我们一直都是人寿保险公司的先锋。每一年年终，我们用于这方面的资金在资本中所占比例可参见下表：

表15.4

年度	普通股／总资本
1918	3.04%
1923	16.35%
1924	18.67%
1925	9.56%
1926	15.66%
1927	18.33%

这种做法与现在流行的做法不同。贸易委员会给人寿保险公司的统计表（就综合性公司来说还包括总资金）描述了平均收益，见下表：

表15.5

贸易委员会统计中发布年度（1）	资产负债表的总额（2）	普通股及股票（3）	百分比（%）（3）／（2）
1911	46700万英镑	1800万英镑	3.9
1926	94600万英镑	4100万英镑	4.3

英国法律通用保险公司的雷尼斯先生在保险统计研究会上及其他人在其他场所宣读的论文已引起保险界对这一方针的进一步

十五

重视。我从亲身体验来对这一政策稍做详述是合适的。

普通股的市场价值

赞成拥有一定比例的普通股的理由大体有两类：一类姑且称为长期性理由，另一类可称为短期性理由。长期性理由将资本分散在用货币价值表示的资产如债券和用实际价值表示的资产上。早些时候，这一做法可以依靠不动产的投资来完成。近年来，这种大规模投资不动产的做法正越来越行不通。因为形势已今非昔比。不动产投资难度增大，没有一家保险公司愿意在农用土地或城市用房上大量投资。另外，上市公司有了很大的发展，为资本投资提供了一个甚至在20年前还根本没有的领域。

暂时撇开铁路与公共事业不谈，在伦敦股票交易所正式上市的公司中有188家英国工商业公司平均每只普通股的市值都不低于100万英镑。另外有60家在国外经营的原料公司，也达到了同一标准。商业和工业公司的普通股票的市值总额达11.77亿英镑左右，平均每家达600万英镑。制造业公司市值达3.42亿英镑，平均每家公司也近600万英镑。在每一个类别中，名列前茅的巨头都大大提高了平均水平。

现在，当我们谈到用一定比例的保险资本投资普通股的新方针时，我们首先考虑的是如何面对多达250家左右，市值达15亿英镑的各种上市公司（此外，还不能排斥铁路和公用设施公司）。如今商业和金融业规模宏大，生机勃勃，任何粗枝大叶或匆忙上阵的投资公司都会空手而归。

除此之外，还有70家铁路和其他公用设施公司。其中很多已有相当长的历史。其股票市值，也达到了3.92亿英镑左右，或其平均规模超过500万英镑。此外还有国外公司的普通股，其中在美国的海外公司最多。

铁路证券价值

为了纠正对未来设想的陈旧观念，值得留意的是制造业有9家石油公司普通股市值总额为1.69亿英镑。与之相比，有7家国内铁路公司的普通股市值总额为1.43亿英镑。35家橡胶、茶叶、咖啡公司普通股市值总额为8100万英镑。与之相比，12家外国铁路公司，普通股市值总额为8300万英镑。因此以伦敦为总部的44家石油、橡胶、茶叶、咖啡公司拥有的普通股市值资本总额，与30家拥有英镑资本的国内、国外、印度和殖民地的铁路公司所拥有的数额几乎相等。人们还能举出很多惊人的例子。1927年底，科托斯公司的普通股市值资本总额比12家达到前述规模的外国铁路公司的总数还多15%，科托斯和皇家化工两家所拥有的普通股票之和超过了所有的英国铁路公司资本总额（请记住，我谈的是普通股票市场市值，而不是总市值）。简而言之，商业的重心，即投资的重心，已经和以前不同了。所谓"谨慎的"投资方针，实际上是意欲支持50年前站在时代潮流前面的老企业，并非今天那些最具有商业头脑且格外成功的新公司。

投资普通股的第二个理由是即使考虑到风险和其他相关因

素，普通股的投资价值无疑也比债券高。

多数管理先进、提倡改革的公司分红都比赢利少。这一事实所带来的累积复利常常被忽视。美国的 E. L. 史密斯先生和本国的雷尼斯先生，通过相同的经历充分证实了这一点。例如在《经济学人》杂志 1926 年公布的 1572 个公司的效益及其分析表明，它们的储备金合计为股票市价资本总额的 2.02%。如果我们在保险业的朋友们和同仁们都效仿我们的做法，将 20% 的资本用于这种方式的投资，到那时候，这种价值低估是否还会继续存在，我相当怀疑。

反对普通股投资的理由

另一方的观点是什么呢？因为毫无疑问会有大量的反对意见。根据我们自己的经验判断，理由主要有两种。第一，这种投资对知识、管理和责任心都有更高的要求。这样，就加重了董事会和管理人员的负担和责任。而董事会可能已有很多年不担负如此重要的责任了，而且他们的年龄也许在 70 到 90 岁之间。加重他们的责任是否为明智之举，这令人怀疑。另外，即使给予了进一步的管理和关注，也很难得到足够的资料来证实一项大投资是否正确。而且很快将有许多股权分散的股份制公司上市，修订后的公司法也将坚持账目更加公开，并将加强审计。

第二种反对意见可以从市场的相对局限性中去寻找，尽管有相当大的市值。在 250 个商业、工业和生产性公司中，你只能选出 50 个让你一见倾心并能找到足够资料的公司。虽然我们国民互助人寿保险协会总资金超过了500万英镑，但在保险公司中还是规模较小的。若有更多的资金就会使自己处于左右为难的境地，要么不得不向过大的公司投资，要么不得不听从公司的意见另外选择自己并无详细资料的公司。有时为了克服这个困难，我们决定投资于某个行业而不是某个公司，将我们的资金分别投资于这个行业所有主要公司（即便我们不能对它们的情况一一了解）。我们在推行这些方针上获得了很大的成功。但是困难仍然存在。

国内金融

总之，我大胆呼吁：保险公司、信托投资公司，把不断增长的收入投入股票交易所，公共政策应该鼓励它们，进一步完善它们的方针，发展它们的机构，并沿着这条路线积累更多的经验。

首先，也是极其重要的是，作为一个民族，随着时间的推移，我们不应成为一个只依靠债券利息生活的民族。我们不应与当今极富生命力的企业隔绝。在这些企业中，建设性的事业正在发展，财富正在被创造。从某种意义上讲，做任何事情开头都有风险，但（普通股）总有收益来补偿损失。然而，债券持有者有时会输，且永远不会赢。无论如何，如果我们能目睹其他人，如美国人拥有新企业的普通股——石油公司、汽车公司、人造丝公司等，而本国的人寿保险公司却将投保人的存款无一例外地投入债券这一古老的，说得好听一点是"经历过时间考验的玩意"，我们将会何其不幸。

十五

其次，如果保险公司拥有大量一流公司普通股，将有助于消除股份公司目前发展阶段中最大的困难和厄运之一，即一旦发生问题，股票持有人将无力招架。这些股票持有人之间互相没有联系，持有某公司的股票量很小，无力对董事会采取联合行动，又没有大笔资金承担风险。而保险公司的联合行动，在将来大有可能。我们可以产生一个委员会代表他们充当理智的、信息灵通的股票持有人，使上市公司了解他们的观点和愿望。而这样的股票持有人在当今极端缺乏。

简单地说，我相信公众与个人的利益在这一点上令人愉快地结合起来了。如果那些负责大型基金投资的人把适度审慎地投资当代一流企业的普通股作为他们的责任，那么这个国家的效率就会提高，财富就会增加。

先生们，我提请通过年度报告和账目。

十六

正确的投资方法是将比较大额的资金投资于自己认为有所了解并对其管理完全信任的企业

当南非脱离金本位制（1932年12月）后，凯恩斯替自己买进了一些南非金矿的股票。他在2月1日至5月11日间共计买入总价值超过32000英镑的股票。几乎是与此同时，他也为保诚保险集团购进了一些类似的股票。

1933年2月3日F.C.司各特致信凯恩斯

亲爱的凯恩斯：

我承认对于你为保诚保险集团购买南非金矿股票一事颇有些吃惊，虽然联合公司可能无论如何都不能说对兰德矿场感兴趣。对于工业指数我是完全赞同的，但我不能肯定对这只或那只金矿股票抱有希望，也不相信金矿市场会由于南非脱离金本位而热闹起来。附上两封维克持批评意见的信供参考。这样做是出于兴趣而不是要证实我的观点。

1933年2月1日维克致信司各特

今天我与爱斯蒙德·哈姆斯沃思共进午餐，他把卡菲尔市场（即南非黄金股票市场）的情形称为"死亡之舞"。我确实找不到任何严肃的人卷入这样的活动中。我们确实知道采矿公司在大量出售看涨期权，而且目前买入者大有人在，但因为存在许多未知因素，我感觉还不能冒险买入。

1933年2月2日维克致信司各特

金矿市场的情形几乎难以描述。每一分钟价格都在波动。我相信他们在交易所上午开门之前就已在街上交易了。除了货真价实的赌棍外，每一个人都因市场波动而惶惶不安。市场的前途完全取决于公众是否会真的去买这种股票。目前市场上一小撮投机商向公众的跟风支持押宝。他们有新闻界的支持，人们被他们眼前的那些绝妙的数字所吸引。而一旦公众潮水般涌进这个市场，这个市场会是什么情形你可以想象。目前看行情会继续看涨。

既然已经发出买入指令，我这里谈的就是一个投资原则问题而不是对某一项具体交易细节的纠缠。

十六

1933年2月5日凯恩斯致信F. C. 司各特

亲爱的司各特：

很抱歉你对金矿股票感到吃惊。下周我去伦敦时会专门处理这件事。如果你的感觉真是那样的话，我想我们应当再度卖出。但在我看来，发生的一切都是真实可信的，我们这项投资并不比任何其他投资更具投机性，而且风险可能更小一些。如果你读一读星期二《每日邮报》上我写的一篇文章，可能会感兴趣。

你所附的维克的信在我看来过于肤浅，而且我怀疑他是否做过深入研究。至于爱斯蒙德·哈姆斯沃思，有趣的是在他与维克吃饭的第二天，我和他共进午餐。我发现他的观点并非如此。我认为，这是一起重大事件，而认为这一切都是黄金公司设置的骗局更是荒谬。同时，这与向普通的采金企业下赌注没有共同之处。那种投机生意不过是在地上打一个洞，再看看里面是什么。目前投资的不确定因素仅仅是汇率以及利润的分配。我确信此时任何合理预期都能获得大量收益。

你忠实的
J. M. 凯恩斯

1932年12月，南非脱离了金本位制，加入汇率随英镑变动的国家集团。由此造成的南非镑贬值意味着金矿公司按当地货币计价的收入急剧增加，导致伦敦市场上的南非金矿股票（Kaffirs）价格飙升（下称"卡菲尔繁荣"）。《每日邮

报》询问凯恩斯如何看待此次繁荣的意义。以下是凯恩斯就此事件发表在《每日邮报》上的文章。

卡菲尔繁荣是否预示着世界经济复苏？

19世纪90年代的经济衰退是历史上与我们正遭受的20世纪30年代经济大衰退最相似的一次。1895年的卡菲尔繁荣标志着那次衰退的结束，那次繁荣是由于氰化炼金工艺的发现及其无限前景，它为南非黄金打开了新大门。历史还会重演吗？这次伦敦和南非约翰内斯堡的喧嚣很快就会传到全世界，这次卡菲尔繁荣能否成为重新点燃海量信贷的星星之火呢？借用博蒙特·皮斯上周在劳埃德银行的演讲中的比喻，"这一引人注目的事件激发了人们的想象力，使他们相信，是时候扩大投资了，如果今天不买，明天将不得不花更多的钱"。这不是没有可能。卡菲尔繁荣是头等重要的事，值得我们认真考虑它广泛的经济影响力。

与往常相比，这次卡菲尔繁荣的基础更为坚实。因为它建立在既成事实的基础上，而不是存疑的希望的贴现。的确，这是货币世界的事，而不是物质世界的。事实上，它最终会带来更大的黄金产出。但它主要的迫切意义并不在此，而在于它造成的通货膨胀的货币价值。这正是我们今天迫切需要的。大自然对我们的努力给予了丰厚的物质回馈，而扭曲的资产货币估值阻碍了繁荣。

事实确实如此。在南非镑与英镑挂钩的条件下，当前

十六

黄金与英镑的平价关系不太可能有大的变化,这也是英国央行的目标;可以通过计算确定的是,由于南非脱离金本位制,在考虑税费的情况下,南非金矿1933年的产出会比1932年多2000万南非镑。诸如法郎或美元贬值这类事件,也就是单位货币的含金量减少,尽管我认为不太可能发生,也不会影响上述计算结果。

不确定因素是这笔钱在三方索偿者之间的分配,即股东、矿场员工和供应商、南非政府。矿场员工和供应商无疑会享受到红利,但现行利率是固定的,当生活成本远高于现在时,他们享受的红利并不会高于平均水平。在股东和南非政府之间,投机的不确定性还会继续下去,直到即将公布的《德兰士瓦黄金法修正法案》公布,以及大约两个月后哈文加先生提出他的预算。下面的内容基于这样的假设——我不知道有多少根据,南非政府将避免针对其最重要产业的报复性立法,并乐见能够大大延长兰德(南非约翰内斯堡周围的金矿区)的寿命的事态,有人说能将兰德寿命延长至两倍。此外,根据现有的税收和政府对租用矿场的利润分成,计算出政府在新利润中的直接分成至少为500万南非镑,这还不包括政府作为收税者从南非国民收入的大幅增加和随之而来的更大的商业活动中获得的间接利益。

1932年,德兰士瓦矿区的总营业利润为1800万南非镑,其中公开宣布的分红为900万南非镑。结合前面的数据,它为我们提供了足够的数据来分析卡菲尔市场上发生的事情的数量级。只做一个说明性的猜测,矿场的可分配利润可能增长 1000 万南非镑，甚至翻倍。如果按 20% 的资本化率计算，这些矿场的价值比两个月前多了 5000 万南非镑；如果按 10%，则是 1 亿南非镑。也许 5000 万南非镑是合理的数字，而 1 亿南非镑是投机者暂时相信的。或者，更确切地说，对于投机者来说很微妙！——所有投机者都相信，其他投机者会相信这一数据。因为投机者就是要预测其他投机者的行为，所以如果所有投机者都持相同的预测，那么，所有人暂时都是对的；只有当音乐结束，有人发现自己没有抢到椅子时，才会发现不对；投机者玩的是另一个版本的抢椅子游戏。

与世界金融相比，这个数字不算大，甚至与伦敦金融相比也不算大。如果把这笔钱平均分配给世界上所有的储户，那么每个人分到的都微不足道。因此，我似乎夸大了它的重要性。也许我确实夸大了。但它不会在储户之间平均分配，而是在昏头的投机者之间分配，在这个紧要关头，他们并不是无足轻重的人。实际上，他们是博蒙特·皮斯先生指望重新点燃海量信贷的星星之火。

如果皮斯先生没有引火物的话，提振投机者的精神，并将其放入基金，不过是昙花一现。但是，在我们目前所处的经济衰退阶段，信贷廉价而充裕，市场上的大宗商品总体上已售罄，有形资本不再增加，无形资本枯竭，投机者的火花，尽管对推动世界经济系统作用不大，但可能正是我们需要的。我相信，如果各国政府明智地通过鼓励贷款支出来提高消费者的购买力,我们或许早就结束了这场衰退。但如果我们的政治和银行技巧迫使我们任由衰退盲目地自行发展,那么复苏的顺序必然会颠倒过来。复苏必须从大宗商品价格的上涨开始,随后是消费的增加。如果大宗商品价格的上涨先于消费者购买力的提高,那么,按照这个顺序,证券价格上涨也必须先于大宗商品价格的上涨——这需要廉价资金结合一些偶然事件,才能让投机者振作起来。因为投机者的天性就是不断从一个领域转换到另一个领域,投机者在每一次浪潮中成功获利后,就会急切地寻找下一个风口。

正是从这个角度出发,我倾向于重视卡菲尔热潮,至少暂时是这样的。尽管所涉及的金额与世界金融相比微不足道,但比大多数投机市场大得多。以目前任何一个不太重要的兰德区矿场为例,你会发现它的市值远远大于英国橡胶股票的总市值。再举一个例子,皇冠矿的市值是世界上所有锡股票的两倍,等等。而且,金矿的吸引力是世界性的,它是全世界最好的投机品种,似乎结合了坚实的确定性和诱人的可能性。

拜金欲!(*Auri sacra fames!*)黄金有它特殊的魅力,它长久以来对贪婪的手很有吸引力,能同时满足他们的安全感和贪欲。用这种方式管理我们的经济生活,可能有点邪恶。但从现实来看,正是因为有这样的标志,世界才有兴衰更替。

1933年2月8日F.C.司各特致信凯恩斯

亲爱的凯恩斯：

根据你本月5日的信，我很有兴趣地拜读了你在《每日邮报》上的文章。而且从逻辑上讲，你赞成投资金矿的观点似乎很有道理。

有些人认为，就投资而言，理智的观点并不总是最能防范风险，而我恐怕就是持这种观点的人之一。我想在这方面有一个例证，即布克马斯特和莫尔公司广为流传的备忘录。他们在备忘录中所举事实及推论曾令人钦佩不已，而随后的事件则证明公司与真理相距十万八千里。

记得一位很成功的投机商，积累并管理一大笔财产。一次他告诉朋友一个从痛苦的经历中得出的教训：远离南非金矿的股票，因为南非犹太人是公认的出卖公众的好手。我相信这些路人皆知的常识比世界上所有的理智的逻辑更有价值。

我认为既然我们已经买了，我倾向于把它们保留一段时间。如果最终看到公众背上了这个包袱，而所谓的黄金市场繁荣不过是昙花一现时，我将不会感到吃惊。

你忠实的
F.C.司各特

1933年2月9日凯恩斯致信司各特（节选）

我敢说你对金矿的谨慎态度是正确的。直到上个月，我还从来没有买过也没有劝别人买过一股类似的股票。但我认为最近情况的发展并不局限于采矿行业，而是整个外汇市场发生了变化，这是我自信能了解的——并非对地上的一个洞里的东西押宝的投机。我们面对的是当今一个高度发展的和程式化的产业。对前途的担心几乎完全在于汇率和税收的前景，而不在于采矿业的前途。如果你的心能稍微变软一些的话，我强烈建议，暂时撇开原则不管，购买300股皇冠金矿股票。我个人认为这对一个保险公司来说是一项合适的投资。我知道如果是在别的时机，这个建议的正确性是显而易见的。这些投资折合成资本约为1500万英镑，堪称世界上最大的财富之一。

1933年2月13日司各特致信凯恩斯（节选）

关于南非金矿的股票，我想你的回复完全合情合理，而且的确针对我的反对意见做了很好的解释。尽管我认为你也许会承认，你不能完全排除某些破坏性因素的作用。这些可能的因素也许会推翻你的关于黄金股票会提高收益的估计。

现在我肯定更倾向于买入，因为我考虑也许这是一个更有利的时机，价格肯定会弹升。我愿意在原有投资额基础上再增加1000英镑左右。

17个月后,凯恩斯不得不再一次给司各特打气。

1934年8月15日凯恩斯致信F.C.司各特

亲爱的司各特:

关于联合公司

我极力主张保留我们的股票是基于下述考虑:

1. 2500股,每股7英镑,价值17500英镑,稍稍多于我们财产的1.5%。考虑到所持有股票的成本和它可能卖出的价格,总金额还不到11000英镑,或者说不到我们财产的1%,这也在合理范围内。如果没有其他不利因素,如果投资组合本身能分散风险的话,那么我不认为持有目前数量的股票会承担很大风险。

2. 目前,联合公司在资本市场估价为600万英镑,因而是一个相当大的公司。我们并没有"把所有的鸡蛋都放在一个篮子里",因为联合公司控制至少6家南非金矿。除此以外,还拥有几家罗得西亚铜矿(他们从一开始就购买了股权,目前价格令人满意)、旧金山铅银矿的大量股权。另外还在澳大利亚有不少股权投资。它投资的两只工业股票,即英国安卡丝绸公司和多音唱机公司业绩一般,但在其股权投资组合中的比重很小,可以忽略不计。联合公司占有它自己公司的很大一部分股权。但它主要从金融和技术角度参与管理,且在这些方面业绩一直很出色。除此而外,它还日趋重视银行外汇和股票业务。这些业务与它在金矿的股权有关。为了使公司能够通过银行和外汇业务赢利,它已习惯于持有大量现金和英国政府债券。其价值目前约为300万英镑。

3. 公司的红利政策一直很谨慎。这助力了公司的股票价值从1917年的每股12先令6便士提高到现在的7英镑。我想提一下"一战"前这是一家德国公司,在战争中被接管,在17年中发展到今天的规模。它按一定规则公布利润并分红,还保留一定比例的储备金。我估计,它的实际收入很可能是它所公布的2至3倍。

它还有许多未公开的财产、有价值的期权等。下属一家最大且最成功的矿山之一尚未进入分红阶段,另一家刚刚开始分红,潜力未尽,因而获得更多的收益仅仅是个时间问题。按当前的市场价值估算公司股票的清算价值,每股将近10英镑。公司未来仍将从它谨慎而有远见的管理中长期受益。我认为最先进入市场的南非企业将更有活力、效率和信誉。

4. 我认为公司管理人员具备并表现出最高标准的勤奋和细心。我认识公司的执行董事亨利·斯图科恩先生长达15年之久。他实际上是公司的创建者。他曾是印度委员会金融小组和国际联盟金融委员会的成员。我觉得请他管理黄金和其他金属投资的那部分资金是最合适的。这样可以发挥他个人的最大优势。

5. 企业有极强的成倍扩张的能力。如果黄金形势不出现意外的话,3到4年内每股价值可达20英镑。股价已经在过去的17年半中提高了12倍,正如我以上所谈到的,他们现在刚刚开始从有远见的管理中全面受益。因此,在此后的三四年中达到3倍的增值是毫不奇怪的。我相信，股权投资总是应尽可能地分散以抵御过大的风险，当然类似金矿的总体性风险是不可完全避免的，只要不低估即可。但是如果要继续投资金属的话，我代表自己和我的客户将集中投资于联合公司，然后将股票保存几年，以期大幅度升值——除非黄金市场整个局势出现变化的迹象。

随着时间的推移，我越来越相信正确的投资方法是将比较大额的资金投资于自己认为有所了解并对其管理完全信任的企业。为了减少风险而将资金分散于自己并不了解也没有特殊信任的多种企业是一种错误的做法。很明显，遵循这条原则也不能走极端。在实际操作中按我的经验，往往取决于特定时期自己的感觉。一个人具备的知识和经历是绝对有限的。对我来说，任何一个时期内也很少有多于两三个我个人能够完全有把握的企业。

你忠实的

J. M. 凯恩斯

1934年8月23日凯恩斯致信F. C. 司各特

亲爱的司各特：

关于黄金股票

您8月15日和16日的信已收悉。我不反对这个意见，即面临已经开始的市场大幅度上涨，出售黄金股票应持谨慎态度。乐观地期盼罗斯福的政策会带来进一步贬值，这种想法至少是幼

十六

稚的。

最近，我们大量出售证券。虽然我认为资本进一步升值的前景现在已经大打折扣，但单纯从投资角度而言，这些股票仍能得到较好收益。股市的收益的确比投资其他地方要好。因此在最近几个月里股票大量易手，从投机商和短期投资者手中转到长期投资者和机构手中。这当然不包括那些新发行的股票，我与大部分这类证券都没有打过交道。

维克认为，物价及各种成本的整体提高会在随后的12个月中影响金矿的收益，这种观点是错误的。他寄给我的信中的观点确实有些逻辑混乱。

至于你8月16日关于联合公司的信，如果我看到黄金股票整体下挫的话，我将在某种程度上同意售出。另外，对我来说，最重要的是，不要由于持有长期股票而对市场波动过分注意，并由此产生焦虑。当然如果认为某些市场行为确有根据的话，可以另当别论。眼光要放远些，真正有信心时再行动。我们都不倾向于跟随市场起伏每时每刻重新估价自己的投资。因为这样做实在是件糟糕的事。当然，忽略市场行为是愚蠢的，但是你的投资方向不能受太多的干扰。

关于你持有的英国电气股票，你错误地理解了我的意思。我不希望买回我正售出的优先股。

你忠实的

J. M. 凯恩斯

十七

我认为最主要的问题是对国家前途的信心，而不是某些证券的前景

1933年末,凯恩斯与保诚保险集团的执行董事弗朗西斯·司各特讨论了集团的美国投资。

1933年11月17日司各特致信凯恩斯(节选)

关于美国的情况,绝对不要认为我在责备你。我承认我与任何人一样曾经赞同这个意见。假如这是个错误,那么我也负有同样重要的责任。但事实上,我们是否真的不承认自1930年1月1日起我们在美国投资的股票已亏损26000英镑?我们应不应该对比一下,如果这笔款项我们不是投资于美国,而是用于购买国内金边债券的话,我们不仅不会亏损,反而会获得大约相当于亏损数目的收益。一亏一盈,二者的差异将近50000英镑。

以往的投资失误并不意味着应改变我们的现状,盲目改变所犯的错误,后果可能更严重。但对过去的投资政策做一回顾,我的概括并非不公正。

现在我们谈谈将来,我同意(英镑)汇率下跌会自然增加我们美国仓位的亏损,对此我们不得不追加保证金。假设美元进一步上涨,只有大量售出我们的美国证券才能应付保证金的要求,你可能会认为我们是在赌博。

如果贸易得到恢复从而出现通货膨胀的话,我不赞成固定利息债券是最好的投资方向。如果我们确实能够从逻辑上考虑这一点的话,我们应当退出固定利息证券市场而进入普通股票市场。

就我本人来说,我不希望全部售出并核销25000英镑的损失。我将在不明显增加亏损的情况下,逐步减少需要定期支付的款项,当我们有理由确信政府通货膨胀计划可以成功时,再看机会进入股票市场。

局势变化很快,使我很犹豫,是否建议将此事留待下一次会议讨论。实际上如果你、邦德和哈斯拉姆能讨论一下并迅速做出决定,我们,指我和我的兄弟,将同意你们所做出的任何决定。

1933年11月23日凯恩斯致信司各特

亲爱的司各特:

昨天晚上我会见了哈斯拉姆。他告诉我你极力建议卖出一些美国证券。我同意有选择地卖出,套现价值为10000英镑。

正如之前所指出的,这些证券是高等级的,而收益却是最低的。我重申,我并不赞成这个决定,因为美元套期保值盛行,这些证券从长远看并不存在任何实质性的风险,而且我怀疑假如美国市场恶化,我们这样做是否能减少风险。

十七

  但是我绝非认为这些美国证券不可能下跌。令人欣慰的是希望当某一天形势看起来更易把握的时候，我能劝你按接近现在的价格，用卖出的钱，至少一部分，进行再投资。

  至于过去发生的事情，我不能完全接受你在 11 月 17 日信中的总结。虽然所有的数据在马凯 11 月 14 日的信中都清清楚楚了，但各人的解释有所不同。

  抛开 1930 年 1 月 1 日以前所购进的证券不谈，那些证券是在我不同意当时的方针的情况下购进的，特别是那批目前已毫无价值的证券。情形正如马凯那天的信中所言，扣除汇率的因素，亏损 8000 英镑，接近成本 68000 英镑的 12%。

  如果扣除为使这些证券赢利而花费的开支及购入时的费用，并按中等价格估价的话，这些证券的价值比我们现在购入要低得多。我判断，假如我们从 1930 年 1 月 1 日以来从未购入美国证券，而从现在开始操作的话，按金额来计算获益也只能高出不足 5%。如果将各方面因素考虑在内，收益恐怕还要降低。

  因此，我更倾向于认为到目前为止我们选择的投资组合成功地顶住了市场的风风雨雨。真正的问题当然是将来会怎么样。在这方面我认为我们的投资组合是有优势的，因为我们的投资结构主要是优先股。而这些优先股目前已不被美国投资者看好，其市场价值远远低于实际价值。当然，我同意在前景不明的情形下不应再在某一方面冒太大的风险。但我仍然相信，今天的一些美国优先股票暂时不合理的下跌恰好提供了在市场上捡便宜货的极好机会。

让我举两个我最喜欢的例子，因为我碰巧了解它们的一些数据，这些数据大体与我们投资的公司相近。这两家公司为国家电力与照明优先股、美国与海外优先股。

以目前价格计，前者收益率大约为15%。至9月30日的季度和月度报告已经发布，报告显示，截至1933年9月30日的年度赢利只比截至1932年9月底的那一年的赢利低一点点，而且1933年第三季度较上年同期还有提高。因此公司赢利水平有所提高，而且处于流动性很强的状态，持有现金及等价物为1500万美元。截至9月30日的优先股红利相当于保证金的5倍，以公司的下属公司合并报表看，保证金占营业收入的比重更大。

我知道总的来说人们对通货膨胀和公共事业有各种各样的恐惧。这种心理影响了美国公众。但这也提供了一个相当好的入市机会，你可以买到收益率为15%的优先股。

美国与海外公司是一家我认为管理得法的信托投资公司。它持有在华尔街上最易脱手的债券、优先股和普通股票。它最近付清了所有拖欠的优先股红利，按目前的市场价格计算，公司的资产超过了目前市场优先股价格的两倍多。按当前市场价格计算的收益率是10%。而一家收益与之相当的英国投资公司的优先股的价格是它的两倍（很多英国信托投资公司持有大量美国证券）。

我们准备售出的股票当然没有上述股票收益高，但基于资本和收入的安全考虑高于一切。如我们正在售出的烟草公司的股票，它要求支付的保证金太高了，而收益率却远远不及同类股票。

十七

我对美国市场前景的不稳定性并非视而不见,但首先价格打了很大折扣,我看如果不出现大的差错,赢利的前景将远远超出亏损的风险。其次,我看不出总统的通货膨胀计划会对这类证券有任何不利影响。他计划的任何涨价都会实际上提高优先股的收益。

你忠实的
凯恩斯

1933年11月28日F.C.司各特致信凯恩斯

亲爱的凯恩斯:

关于美国证券

非常感谢你本月23日非常有趣的来信。探讨这些过去的事情不见得会有太大益处,但我本人认为这些报告是有价值的,因为或许它能使人未来变得更聪明。

我所感兴趣的是你对于某些美国证券的观点。持有这些证券一直被认为是灾难性的,而对这一点你持有不同意见。我必须承认你的某些说法使我感到惊讶,因为我回忆不起来在选择买进这些证券时你提出过任何反对意见,但这可能是由于我们曾经的金融伙伴性情多变。无论如何真正的问题在于目前的方针,我注意到在这方面你与我们的意见不一致。

我承认你所谈到的关于赞成个人投资以及保证金、收益率方面的理由已阐述得极为充分。我个人感觉问题在于保留美国市场的股权,而不要寄希望于过高的收益。我认为这不是一个收益是5%还是10%,资产翻2倍还是翻10倍的问题,而是你确信这个国家将走向金融复苏还是金融危机的问题。我自己确实没有足够的知识来提供合理的观点,但我确信由于在这个主要问题上存在大的不确定因素,所以在这个国家进行大投资并不明智。

我不禁想到,如果市场真的复苏,我们终将会比现在更能把握局势。虽然我们没有在市场最低谷时买入,但我确信,当我充满信心踏踏实实返回市场时,获利的空间仍然足够大。

正是基于以上这些涉及面很宽的理由,我个人对于目前退出美国市场丝毫不感到遗憾。

你忠实的

F. C. 司各特

1933年11月29日凯恩斯致信F. C. 司各特(节选)

我决不否认你对美国局势的看法可能不对。无论如何我认为最主要的问题是对国家前途的信心,而不是某些证券的前景。就是在这个问题上我们做出的判断不同。我感到像美国这样一个伟大的国家,出现全国性的大灾难不太可能。可能性较大的只是某家公司或某个行业无法生存下去。我相信我的猜测十有八九是正确的,即极端的灾难不会出现。

至于你11月28日的信中谈到的细节问题,我已经估算了目前重新开始外汇交易的成本。对我来说这似乎是一个严峻的考

十七

验。如果用其他方式投资的话可能收益更高些，特别是最近董事会不仅对购入更多的长期金边债券持怀疑态度，甚至怀疑我们是否应该保留现有债券。关于我谈到弗克的投资问题，由于对情况一清二楚，因而我一直保持沉默，特别是关于具体品种的问题我没有发表意见。我只是想说，我个人无意在投资选择方面承担责任，因为有几项债券投资我一无所知，而我也不想不懂装懂。

很抱歉讨论这些陈年老账，除非真正有用，我们确实不应再深究这问题。但如你所说我们应在有不同意见时努力搞清真正原委。投资越多，我越相信不应经常改变投资方针。董事会管理有某种局限性。对此一个人必须提高警惕。你首先必须劝说董事会接受你认为更准确的判断，然而又要准备遭到他们惩罚。正如一个人要获得最后成功就要有耐心这种美德一样。

无论如何，我认为我们现在在美国的投资很小，不值得引起过多关注。

十八

如果能避开陷阱,并击败指数,长期来看你一定会获得出色的投资效果

1938年春天，凯恩斯起草了一系列总结几年投资成果的报告。司各特读了凯恩斯的投资回顾报告后，提出如果采取一种更为传统的投资策略，保诚保险集团在1936年12月31日至1938年3月31日之间能否避免总计420000英镑的损失。他还问及是否可以制订一个全盘投资计划来指导未来的投资策略，将对特定类别证券的投资量限制在相对固定的百分比内。凯恩斯回复如下：

1938年6月7日凯恩斯致信F. C. 司各特

亲爱的司各特：

　　现在我总算有时间详细回复你5月2日的来信。

　　1. 在撰写一份回顾报告时，必须确定什么是自己经受过考验的成就。其中一个很重要的考验就是避免那些使很多既定投资策略变形的错误。我说的明确的错误是指，价值下降不仅是因为市场波动，更是资本内在价值的损失。这与证券价格波动有本质的区别，因为对这种损失不能期望有挽回的可能。人们往往不能区别由于市场波动而引起的贬值和选错某个证券的严重错误。

在经受这项考验方面，我们可以宣布是成功的。我们的投资清单里包含一些上述错误，但涉及的资本量不大。我们把这方面的失误列在一张清单上，以便记住错误的原因，并引以为戒。我的清单中没有包括美国投资部分，因为目前很难从这个角度准确分析美国市场的成败。清单如下：奥米斯、佩特斯优先股、英国及管理辖区电影公司、卡波石膏、伊菲尔德轧钢厂、大联盟运河、南非块煤、宇宙橡胶铺地砖、智利抵押银行。

你会注意到，它们基本上都是些专业公司，在外行眼中默默无闻。我们的投资大多根据私人建议进行：条顿建议买奥米斯，卡波石膏和南非块煤是弗克主张的，买伊菲尔德轧钢厂和大联盟运河是布雷特的意见。我相信实践表明听从个人建议购买某种证券从长期结果来看容易犯错误。我不太清楚伊菲尔德轧钢厂是否应当包括在此表内，因为它有可能已度过困难时期。但我们按亨特的建议购买的纺织股票，应当包括在内。因为即使工业再次进入高峰期，纺织股票的价格能否回升也值得怀疑。

另外一个重要考验，我在此强调是经受有代表性的指数的考验。经济衰退至谷底时所做的预测往往会导致对投资方针过分不利的估算。这个时期投资方针一般会避免股权投资。预测利润谁都希望能在最低价满仓杀入时计算。然而只要你最后收益比指数的增长高出一个令人满意的比例，那么就没有太多可忧虑的了，因为假如你经受住第一个考验，并能击败指数，那么从长期来看，你一定会获得出色的投资效果。

目前流行的做法是把精力集中在市场的涨涨跌跌上，这会干扰应具备的投资心态，我们应树立这样的观念，投资目标随着时间的推移趋于平均化。保险业也具有类似特征，证券投资的关键在于时机，而保险则在于地点。成功的证券投资致力于在长期获得趋于平均化的收益，而保险则在于在不同地域追求趋于平均化的收益。一个人一定不能因某段时间失误而放弃证券投资的长期原则，也不能由于某一处严重受挫而改变自己的保险战略。

2. 下面我谈一下各种证券的投资比例问题，毫无疑问，政府债券应在组合中占最小比例，而普通股的比重应最大。这样做不仅是摆摆样子，政府债券可以为有价证券的收益提供保证，这种组合也可以在市场遇到剧烈价格波动超过投资储备时为普通股提供安全保障。

除以上两个总体原则外，我强烈反对在其他方面墨守成规。确定投资比例——特别是在某个行业——无疑是违反投资原则的。根据形势变化把握证券投资重点和中心是全部投资艺术精华所在，在小比例持有政府债券和大比例持有普通股的原则下，我强烈要求追求尽可能灵活的目标。

关于具体问题，我同意你增持英国政府债券的建议。目前我们持有这类政府债券占总资产的比重超过一般保险公司。1936年底，保险公司平均持有英国政府债券占自身总资产的比例为23.1%。而我们在1937年底的比例为24.82%，1938年3月为26.44%。然而，因为我们分支机构持有的非交易所债券很多，它们持有英国政府债券占交易所资产的比例更大。关于提高英国政府债券投资比例的呼声很高，比如你建议的33%，我赞同。另外一种选择是增持一些公共部门和铁路债券，再加上英国政府债券投资全部比重应提高到40%。

至于殖民政府和外国政府债券，我将它们归于正确的投资范围内，与那些需要专门研究的业务区别开来。

就普通股而言，持有比例应允许在20%到30%间波动。在各类型的普通股中，也不应有一成不变的投资比例。这样还可以有30%~40%的份额用于投资固定利润证券（公司债券和优先股），如国内外的运输、工业和金融行业。

以上是交易所证券品种的比例，而不是对总资产而言。当然，我们与分支机构的区别在于持有的非交易所资产比例较小。我猜想非交易所资产占总资产的比例平均为20%~30%。如果包括资本、不动产和抵押资产，我们可以将我们的非交易所资产比例提高10%。但我目前无意超过这个数字，因为这些资产的流动性较差，管理起来风险较大。总体来看，它们的收益恐怕不能补偿不利因素的影响。

3. 我同意你的观点，即不急于调整投资。待市场更活跃，升势确定之后，会有更好的机会。目前市场的颓势造成调整持仓结构的成本极高。更重要的是，一旦时机有利于我们售出（对此我将充分把握机会），我认为才是全面调整投资结构的最佳时机。

我认为当务之急是列出一份目前持仓的明细递交金融委员会。这样做有助于未来的调整，并为董事会提供一份指南，同时

十八

在细节上给我们指示。金融委员会的全体成员应标明那些按目前市场价格他们非常希望保留的证券,即那些他们坚持认为目前售出是错误的品种。这将使我们确定那些谁也没有信心的证券。所有投资机构所犯的致命错误之一,就是在它们的有价证券组合中往往包括一大串已被人遗忘的品种。当初购买这些证券的理由已不复存在,同时也不再有人看好它们。

这也能为我们提供一次适当集中证券的机会。通过出售这些过时的证券来增加一些至少我们有一些人愿意热情参与的投资。

4. 最后一点请求:与早期投资者相比,现在的投资者过度热衷于每年、每季,甚至每月评估手中的证券。眼睛里只有资本的增值和贬值。而对于收益、前景和内在价值却极少关注。因此我呼吁,收益的问题不应被忽视。一段时期的收益至少与我在开篇时谈到的正确投资的考验具有同等价值。

1937年,我们的账面收益率是5.5%——以市场价值计为5%。根据推测,1938年会出现一定程度的账面收益减少,虽然其市场价值可能不会减少。这个收益是近年来逐步提高的,每年账面价值增长高于1%。我推测市场价值增长接近0.5%。

我想继续将增长目标定在超过5%的市场价值增长。如果我们持有40%的金边债券,而其平均收益率低于3.5%的话,这意味着你已持有收益率相对高得多的大量证券了。我本人认为最安全和最合理的收益来自高收益和低收益证券平均的组合。如果中等收益的证券一般在4%到5%之间,那从长远来看,这类证券的回报不如有稳定收益的金边债券,也低于高收益的股票。如果投资方针的改变会大量降低收益和股权投资收入或者过分增加收益率在4%到5%之间的证券投资,我会感到十分遗憾。简而言之,我希望组合中金边债券和股票投资比重高于平均数。

你永远的
J. M. 凯恩斯

十九

如果我们试图在最低点抄底，可能会错过时机

1939年9月1日德国向波兰发动进攻。随后英、法对德宣战。下面这封信写于战争刚刚爆发时。

1939年9月20日凯恩斯致信F.C.司各特

亲爱的司各特：

关于投资情况

直到最近，在美国大量投资仍有技术性障碍。而许可证却不费力气拿到手了。目前售出总计金额为28000美元。尚有一些未售出，但价格高于市场的不多。如果目前市场保持上扬的趋势的话，则每天可以再出手一些。

关于今年你需要的周转资金，你的说法使我放心了。根据巴贝（保诚保险集团的秘书）最近提供的银行账面情况，我强烈建议将这次售出的一大部分进款进行再投资。

我同意你的意见，即市场可能再度走软。而目前也不是太理想。清理战前的仓位、金边债券发行的停滞、强制性的保险计划，以及对新税收制度的恐惧，使大多数购买者踌躇不前。结果一些过去价格昂贵的工业股票，现在购进的收益可达到7%甚至更高。从长远看，我认为应该持有。如果我们试图在最低点抄底，可能会错过时机。我不认可战争年代为了自己的前途，人们手中应持有多余的现金的观念。因为可以肯定的是，最终贬值的是货币而不是证券。

我看好的股票是巴克莱银行和皇家烟草（那天我在6.5英镑时卖出，现在能以5英镑买回）。甚至如伦敦郡这样的电力股，估算其现在的价值的根据是既然能暂时节电，那么他们也将永远这样做。马克斯和斯宾塞、伍尔沃斯、钢铁股票也不错，确实可以列出一个长长的单子，这些股票都下跌了20%~30%，甚至更多。

我想知道你对保险公司股票的态度。例如保诚保险集团，它曾大幅度下挫。今年的最高价是35.75英镑，8月23日为31英镑，目前的价格是21英镑。你真的认为保诚保险集团损失了40%的资产吗？不久前我们在19英镑的价位售出了珍珠股票。我们可以重新买回，价格仅为12.5英镑。对我来说这些股票比起那些受青睐但价格坚挺的原料商品股票确实更有吸引力。

再来看军火股票，这方面对税收制的恐惧似乎正失去理智。约翰·布朗除它本身固有的优势外，目前业务繁忙，价格却下跌了25%。飞机公司年初以来已下跌50%，现在价位的理由是这些公司再也不可能达到战前利润的平均数。再回头看电力股票，伦敦郡已从年内46先令9便士（最高价是1938年的51先令9

十九

便士）下跌到 41 先令 6 便士，进而从 8 月 23 日以来，又跌到 28 先令 9 便士。所有这一切都是荒唐的。

目前的情况是，我们的美国股票的英镑值大多上升了 40% 以上。而最好的英国股票都下跌了 25%～30% 或还要多一些。换句话说，美国股票相对于英国股票而言，在过去的几星期中已涨了 100%（之前价值 100 的美股，现在可以卖 140，而之前价值 100 的英国股，现在 70 就能买到）。

参照目前的英国股票价格，我觉得如果比原计划更快一些售出美国股票而不追求过于理想的价位恐怕是明智的。这些钱应择优投资英国股票。当然，如果想手中多持现金的话，我更倾向于不必急于卖出英国股票，以期价格进一步上涨。

我将在剑桥度周末，请把信寄到那里。我不想掩盖问题的复杂性。虽然我认为以上观点颇有说服力，但以此为据进行操作不管是对我个人还是对国王学院来说都相当困难。但是，毫无疑问，如果美国市场在下周内再升 10%（如果中立法通过，这是很有可能的），而英国市场仍然没有上涨的话，我感到运作起来会容易得多。

我最近在这里见到了许多人。昨天在财政部开了很长时间的会。有人过于严格地把我们组织起来，反而出现了混乱。但愿情况会稳定下来。目前的大后方一团糟，我们正处于战前的势头。但如果一切听其自然的话，这个国家绝大部分经济生活在一个月内就会停顿下来。我相信我们正逐步卷入其中，最终会振作起来采取理智的行动。

再说一说令人高兴的事。埃尔姆赫斯特一行拜访了我。他们乘飞机来的，几天前刚离开华盛顿。他们和总统有密切的接触。他们相信中立法能够通过（关于这一点，很快就能得到证实），根据他们的观点，实际上华盛顿和纽约的每一个人都相信，如果伦敦或巴黎遭到轰炸，美国是会以某种形式参战的。但如果我们自己处理得当，与美国共同开辟一条完整的经济战线而不是请求他们派兵，对双方会更容易一些。从感情上说，美国人由于他们不能行动，因而比我们更为激动。反德的情绪普遍且激烈。他们说每个人不论党派都同情和支持我们。

你忠实的
J. M. 凯恩斯

二十

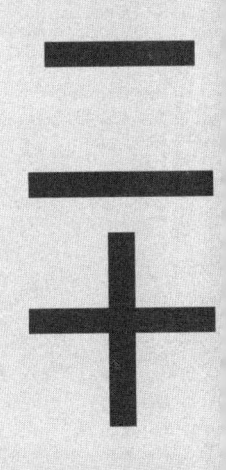

一只好股胜过10只差股

1942年1月，凯恩斯为保诚保险集团买进了10000股埃尔德·丹普斯特股票，他在1月10日向司各特汇报。1月13日，司各特回信说，他"看不出有任何理由一次购买这么多股票"，并建议在6个月中抛出一半，凯恩斯的回复如下。

1942年1月16日凯恩斯致信司各特

亲爱的司各特：

　　很抱歉买了这么多埃尔德·丹普斯特的股票。我好几个月没有发现这种质量好，公司尚未被投资，而且能买到大宗的品种。几个因素加在一起使我头脑发热。另外我长期受到自己谬见的影响，即1只好股胜过10只差股。而我总是忘记几乎没有其他的人同意我的偏见。现在的价格已经上升了大约6便士，所以你可以卖掉你认为多余的那一部分，而不会有亏损。

你的
J. M. 凯恩斯

1942年1月28日司各特致信凯恩斯

亲爱的凯恩斯：

关于埃尔德·丹普斯特股票

感谢你的来信。我把信放在一边想迟些回复。我无法肯定这封信是否需要答复，甚至你是否希望收到回信。但我在火车上时时都在考虑这件事。

我常常记得弗克曾用不可辩驳的逻辑（他曾头脑很清楚）为朱特工业优先股辩护，并鼓吹购买这些股票既是必要的也是合理的。然而我相信我们没有比那次更糟糕的投资了。我是由一个非常聪明的父亲抚养大的。我不信任数字，反而喜欢记诸如管理、竞争、经济衰退与繁荣这样的因素，以至于经常向那些颇具说服力的数字挑战。

因此我想对你的假设提出质问。根据埃尔德·丹普斯特公司文件提供的数字，你有资格说你选择了一个赢家，或者说另外10项投资经过合理细心的分析，可能不会成功。你恶意地用未经证明的假定为自己辩护，对此你完全清楚。假如我给你20000英镑让你代理投资，我有理由为你将投资分散在四个项目，而不是集中在一个项目上感到轻松一些。

我不知道问题是否会进一步加剧，我们之间是否会在根本性投资原则上产生某种不一致。我对责任的理解是应将保护公众信心不受伤害放在首位。我们的投资是要给那些投保人一种安全保证，即我们将履行合同。我们的第二个任务就是要确保大部分资

二十

金处于半流动状态。第三就是要获得合理回报。而只有作为对以上责任的补充,我们才有权考虑资本赢利。我们主要的着眼点是将市场钟摆的波动幅度降低到最小。

有时我会这样想,你将会降低我的道德水准并鼓励我秘密犯罪,即把资本利润作为我们投资计划的核心。这实际上不把我们用于投资的资金,看作主要业务的保险业的补充,而视之为公司同等重要的赢利手段。我不怀疑,你将愤怒地否认我的指责,而且如果有时间和精力的话,你会用毁灭性的论点回击我的责难。但是我仍相信,我们俩的赢利动机,这个魔鬼只会暂时战略性撤退,它在等待时机。

认真地说,我完全相信无论是在大的投资品类还是某个具体项目上,单项投资不超过某种限度是正确的。至于投资股票,我认为对一只出色的工业股至少应投资 5000 英镑,而市场风险可以把握时可提高到 10000 英镑甚至 20000 英镑。我知道像埃尔德·丹普斯特究竟属于哪种情况只是个人看法不同的问题。但我本来应该想到像这样一家主要从事单一航线运输的航运公司,西海岸贸易风险太大,最多只适合投资 5000 至 7500 英镑。市场价格合理并不是增加投资的理由,最多只能稍稍增加一点。我说的一切会令你讨厌,但你必须忍受我的保险倾向和思维方式,将任何事情都简化到极点以及对平均化法则的偏好。

我并不惧怕这项特殊的投资对我有任何损害。我完全可以把它搁置一边,直到我们认为有其他更为合适的航运公司股票时再做其他考虑。但你的信充满火药味,你在我们下次见面之前可不必写信给我。你也许能原谅我的勃然大怒。

你忠实的
F. C. 司各特

1942年2月6日凯恩斯致信司各特

亲爱的司各特:

　　我现在的闲暇比平时还要少,你必须原谅我不回复你1月28日的信。你信中提出了一个长得只有写论文才能答复的题目。另外,关于这个题目我们两个人曾经发表过意见。因此,我可否简单表述以下几点?

　　1. 我承认这种证券我买得过多,少买一些更好。

　　2. 我说过,买1只好股胜过10只差股。当然,正如你所说,我在用未经证实的假设为自己辩护。正确的说法是,我宁可进行一项自己有足够信息来判断的投资,而不是投资10种自己知之甚少甚至一无所知的证券。

　　3. 我视资本利润和收入增加为成功的标志。但这次我并非以资本利润为目标。应该说,很少有投资者比我更能抵御获取投资利润的诱惑。我允许别人批评,因为我总是尽力看长远些。如果我对资产和获利能力满意的话,我也准备忽视一时的价格波动。我的目标是购买具有令人满意的资产和获利能力,以及市场价格相对低的证券。如果我做到了这一点,那么我就同时做到了安全

二十

第一和资本获利。所有的股票都会暴涨暴跌,安全第一的策略实际上是必不可少的。而一旦你实现了安全第一,就能获得资本利润。因为如果一种股票具有安全、优质、价格低廉这几种特点,它的价格一定会上涨。埃尔德·丹普斯特就是一个很好的例子,我并没有对这种股票很快上涨有任何预见。我选择它因为它使我感到非常安全。除短期波动外,它在几年内不太可能下跌。

我没有足够的知识和能力进行广泛的投资。时间和机会也不允许了解更多。因此,随着资本金的增加,单项投资的规模也必须相应增加。我倾向于根据市场状况扩大投资规模。

4. 至于什么是获取资本利润的投机项目,我想举南美股票和处于冲突地区的石油公司股票为例。我毫不否认这种投资可能获利。我提出反对意见是因为缺乏这些公司的信息,从而无法做出决断。因而高风险是显而易见的。与对一家有足够了解的公司进行大笔投资相比,假如安全第一的方针允许在很多不同方向大量进行小规模投机的话,那么我认定这是对投资策略的一种曲解。

5. 我们在保诚保险集团的投资规模与我本人认为完美的状况相比实际上已做出了代价高昂的妥协。在这方面有一个极好的投资收益测试。我们可以将保诚保险集团和国王学院账面效益做比较。国王学院的投资分布在金边债券和其他方面,与保诚保险集团大同小异。回避过大风险而倾向于稳定收入的观点对一所学院与一家保险公司来说至少同样重要。因为我与这两个机构都有密切的联系,它们所购买的主要股票也很相似。每当其中一家集中购买某一品种时,另外一家几乎也会效法。

然而，国王学院的收益要比保诚保险集团好得多。我肯定其原因是我们集中投资的规模要大得多，其规模和保诚保险集团的规模相当，尽管国王学院用于投资的钱只有保诚保险集团的三分之一。那里的投资严格局限于我感到自己能判断的股票，在这点上我们做得还不够完美。如果我们一直坚持这个原则的话，那么我们的收益就会更好。回忆起来，我觉得这一条特别适合与伦敦市场不同的美国市场。虽然总的来说，在美国市场投资收益还是相当不错的。

那天我们回顾自己的投资经历，试图找出带来满意投资效果的原因。结果似乎是（只有在美国市场有一两处小的例外），几乎没有发生过大规模投资的集中性亏损。市场波动其实很大，每一项大的投资最终都证明是成功的。因此，一方面利润逐步增加，相对来说却几乎没有需要补偿的大额亏损。实际上我们的大笔投资结果都很正常。

以上我试图以投资效果来检验安全第一的原则。在国王学院获得利润的投资项目上保诚保险集团也几乎总有赢利，但赢利相对于总投资的比例不相同。

你永远的
J. M. 凯恩斯

司各特在2月9日回信称："你所写的一切极令人感兴趣，使我思绪万千。"他约凯恩斯在伦敦见面。他们在2月12日如期会面。

二十

在 1938 年 3 月 7 日的《致保诚保险集团备忘录》中,凯恩斯表达了类似的观点:

……保诚保险集团则持有 50～100 种董事会基本不了解的证券。在你密切关注的 200 个不同等级的项目中,你某一时期确有热情的大概不到 50 个。我确信国王学院之所以投资收益较好,主要因为它把资产的大部分投资于不到 50 个这样的最佳品种中去了。把自己的鸡蛋分散在很多篮子里,但没有时间或机会去看看有多少个篮子的底部有洞,这样做肯定会增加风险和亏损。

二十一

如果每个人都认可某个项目的优势，那么其价格一定很高且没有吸引力

1940年10月凯恩斯成为他的母校伊顿公学的董事，并在管理机构代理会长，他立刻对学院的金融业务产生兴趣。当月，他就开始向财务部门提出投资建议。他在1942年2月把自己的意见归纳后致信魁克斯伍德勋爵。

1942年2月19日凯恩斯致信魁克斯伍德勋爵

我对伊顿公学半个世纪以来的财务管理工作可以称为"做得很好"这种观点表示怀疑。我看必须回到19世纪70年代，即卡特财务总监处于他事业顶峰期时，才能看出任何真正的好的管理。根据我所了解的国王学院的情况，我相信伊顿公学和国王学院的董事们都对19世纪的60、70年代的不动产和金融管理感兴趣，在那20年中改变了中世纪式的管理，引进了当时肯定是最先进的管理标准。从各个角度都可称为管理得当，成为当时很出色的业主和效率高的金融家。对伊顿公学来说，我怀疑从那以后我们是否还能给予以上评价。我不是说此后的管理很差，而是说应当管理得更好。

凯恩斯大量参与了伊顿公学的金融活动,然而,他的影响力是有限的。因为当时有一位银行家贾斯珀·雷德利,对凯恩斯的非正统观点提出强烈异议。1944年3月初,凯恩斯建议买进澳元债券,而雷德利以未来美元和澳元的声誉不一定可靠为由拒绝。为此,凯恩斯评论如下。

1944年3月8日凯恩斯致信R.E.玛斯登(节选)

我承认对雷德利改变原来同意买进澳元债券的观点有点恼火。但正如我给他的信中所写的那样,我确实没有抱怨的理由,也不能期待两者兼得。如果金融界的正统观点认为这些债券更好的话,那么毫无疑问价格肯定已经太高。那么我对此不会感兴趣。人往往会处于进退两难的境地。所有的正统建议都太昂贵了,而不正统的意见都太不正统了。所以我觉得没有信心来提出进一步的建议。

1944年3月凯恩斯致信贾斯珀·雷德利

亲爱的贾斯珀:

很抱歉电话里争吵了一番。我投资的中心原则是采取与多数人意见相反的操作。理由是,如果每个人都认同某个项目的优势，那么其价格一定很高因而没有吸引力。现在很明显，我不能两方面兼顾——让大多数人同意我的投资观点。所以，如果其他有关人员对此没有足够的信心让我去投资，那么事情的实质就成了我必须从这个不平等的战场中退出。你会据理力争地说，一个机构这样做是错误的，即使事后证明你成功了。那样的话，我为什么要浪费精力呢？

你永远的
J. M. 凯恩斯

1944年3月8日贾斯珀·雷德利致信凯恩斯

亲爱的梅纳德：

非常感谢你几天前的便条。你在电话里脾气的确不大好，但过去的事就算了。你认为对伊顿公学来说此事风险不算大，而我对此犹豫不决。

确实我不能不同意你的原则，即个人甚至某家机构投资时要逆潮流而行。我也相信在这点上你很在行。如果我不欣赏你的技巧和经验的话一定很愚蠢。但我怀疑一所这样规模的学校的董事们能否恰当地承担这类风险，加之还可能有其他的风险。另外，成功地管理这样的投资需要一个合适的人作为中坚力量不间断地管理。我认为伊顿公学不能确保这样一种长期且富于技巧的管理得以实施。

但我只是几位董事之一，而且董事会也可能做出与我本人意见相反的决定。这对我来说也是司空见惯。我敢说,在这件事情上董事会不会支持我的意见,特别是你具有难以抵挡的说服能力。我只希望,你对我不再那么暴躁的同时仍然认为你有必要提出自己的意见。老实说,你所教训我的话,有些并不是我想学的。请原谅我这么说。

你的

贾斯珀·雷德利

1944年3月12日凯恩斯致信贾斯珀·雷德利

亲爱的贾斯珀:

非常感谢你的来信,并再次对自己的令人不愉快的言辞表示道歉。但正是在你信中最后一段里提到的你称之为你不喜欢的那一点,我认为恰恰是我的明智和不令人生厌之处。我倾向的那种投资策略只有所有密切相关的人都由衷默许才能实施。我从各种条件下获得的经验告诉我必须坚持这一点。如果没有那种由衷的默许,我确信最好的计划是放弃这项计划。

你永远的

J. M. 凯恩斯

参考文献

一至八

摘编自 *The Collected Writings of John Maynard Keynes*, Volume VII, *The General Theory of Employment, Interest and Money.* Published by Cambridge University Press for the Royal Economic Society, 2013. Page 147-164

九

摘编自 *The Collected Writings of John Maynard Keynes*, Volume XII, *Economic Articles and Correspondence Investment and Editorial.* Edited by Donald Moggridge. Published by Cambridge University Press for the Royal Economic Society, 2013. Page 17-19

十

摘编自 *The Collected Writings of John Maynard Keynes*, Volume XII, *Economic Articles and Correspondence Investment and Editorial.* Edited by Donald Moggridge. Published by Cambridge University Press for the Royal Economic Society, 2013. Page 19-29

十一

摘编自 *The Collected Writings of John Maynard Keynes*, Volume XII, *Economic Articles and Correspondence Investment and Editorial.* Edited by

Donald Moggridge. Published by Cambridge University Press for the Royal Economic Society, 2013. Page 36-47

十二

摘编自 The Collected Writings of John Maynard Keynes, Volume XII, Economic Articles and Correspondence Investment and Editorial. Edited by Donald Moggridge. Published by Cambridge University Press for the Royal Economic Society, 2013. Page 102-109

十三

摘编自 The Collected Writings of John Maynard Keynes, Volume XII, Economic Articles and Correspondence Investment and Editorial. Edited by Donald Moggridge. Published by Cambridge University Press for the Royal Economic Society, 2013. Page 99-101

十四

摘编自 The Collected Writings of John Maynard Keynes, Volume XII, Economic Articles and Correspondence Investment and Editorial. Edited by Donald Moggridge. Published by Cambridge University Press for the Royal Economic Society, 2013. Page 247-252

十五

摘编自 The Collected Writings of John Maynard Keynes, Volume XII, Economic Articles and Correspondence Investment and Editorial. Edited by Donald Moggridge. Published by Cambridge University Press for the Royal Economic Society, 2013. Page 153-161

参考文献

十六

摘编自 *The Collected Writings of John Maynard Keynes*, Volume XII, *Economic Articles and Correspondence Investment and Editorial*. Edited by Donald Moggridge. Published by Cambridge University Press for the Royal Economic Society, 2013. Page 51-59

The Collected Writings of John Maynard Keynes, Volume XXI, *Activities 1931-1939 World Crises and Policies in Britain and America*. Edited by Donald Moggridge. Published by Cambridge University Press for the Royal Economic Society, 2013. Page 225-229

十七

摘编自 *The Collected Writings of John Maynard Keynes*, Volume XII, *Economic Articles and Correspondence Investment and Editorial*. Edited by Donald Moggridge. Published by Cambridge University Press for the Royal Economic Society, 2013. Page 59-65

十八

摘编自 *The Collected Writings of John Maynard Keynes*, Volume XII, *Economic Articles and Correspondence Investment and Editorial*. Edited by Donald Moggridge. Published by Cambridge University Press for the Royal Economic Society, 2013. Page 65-71

十九

摘编自 *The Collected Writings of John Maynard Keynes*, Volume XII, *Economic Articles and Correspondence Investment and Editorial*. Edited by Donald Moggridge. Published by Cambridge University Press for the Royal Economic Society, 2013. Page 71-74

二十

摘编自 *The Collected Writings of John Maynard Keynes*, Volume XII, *Economic Articles and Correspondence Investment and Editorial*. Edited by Donald Moggridge. Published by Cambridge University Press for the Royal Economic Society, 2013. Page 79-83

二十一

摘编自 *The Collected Writings of John Maynard Keynes*, Volume XII, *Economic Articles and Correspondence Investment and Editorial*. Edited by Donald Moggridge. Published by Cambridge University Press for the Royal Economic Society, 2013. Page 109-112

© 民主与建设出版社，2025

图书在版编目（CIP）数据

逆势投资者凯恩斯：如何在大萧条和"二战"中增值10倍/（英）约翰·梅纳德·凯恩斯著；贺瑞珍编译.北京：民主与建设出版社，2025.2. - ISBN 978-7-5139-4840-1

Ⅰ. F091.348

中国国家版本馆 CIP 数据核字第 20243J6F53 号

逆势投资者凯恩斯：如何在大萧条和"二战"中增值10倍
NISHI TOUZIZHE KAI'ENSI: RUHE ZAI DAXIAOTIAO HE "ERZHAN" ZHONG ZENGZHI 10 BEI

著　　者	［英］约翰·梅纳德·凯恩斯
编　　译	贺瑞珍
责任编辑	王　颂
特约编辑	赖师铎
封面设计	墨白空间·张　萌
出版发行	民主与建设出版社有限责任公司
电　　话	（010）59417749　59419778
社　　址	北京市朝阳区宏泰东街远洋万和南区伍号公馆4层
邮　　编	100102
印　　刷	天津中印联印务有限公司
版　　次	2025 年 2 月第 1 版
印　　次	2025 年 4 月第 1 次印刷
开　　本	880 毫米 × 1194 毫米　1/32
印　　张	6.25
字　　数	128 千字
书　　号	ISBN 978-7- 5139-4840-1
定　　价	48.00 元

注：如有印、装质量问题，请与出版社联系。